À table !

Groupe Eyrolles
61, bd Saint-Germain
75240 Paris Cedex 05

www.editions-eyrolles.com

La collection « My Book » est dirigée par Anne Ghesquière, fondatrice du magazine FemininBio.com, pour mieux vivre sa vie !

Dans la même collection :
My Natural Beauty Book, Anne Ghesquière, Marie de Foucault

Illustrations originales de Mady Martin.
Mise en pages : Marie Housseau.

ISBN : 978-2-212-56070-1

À table !

Mes 200 recettes simples, rapides et saines pour ma tribu

Marie de Foucault

EYROLLES

Remerciements

Mille mercis à toutes mes sœurs, belles-sœurs, cousines, amies et bonnes copines pour leurs conseils, recettes, relectures et plus particulièrement à : Marie-Ca, Ombline, Mélanie, Virginie, Laure, Agnès, Sabine, Catherine, Lorraine, Alice, Stéphanie, Morgane, Juliette, Suzanne, Hélène, Armelle, Lucie, Élisabeth, Nathalie, Christel, Céline, Natacha.

Mercis à Gwénaëlle Painvin, éditrice de choc, et à ma directrice de collection et grande amie Anne Ghesquière sans lesquelles cet ouvrage n'aurait jamais vu le jour.

Enfin, merci à mes goûteurs préférés, mon cher mari, Damien et nos fils, Stanislas, Archibald, Élie et Joseph.

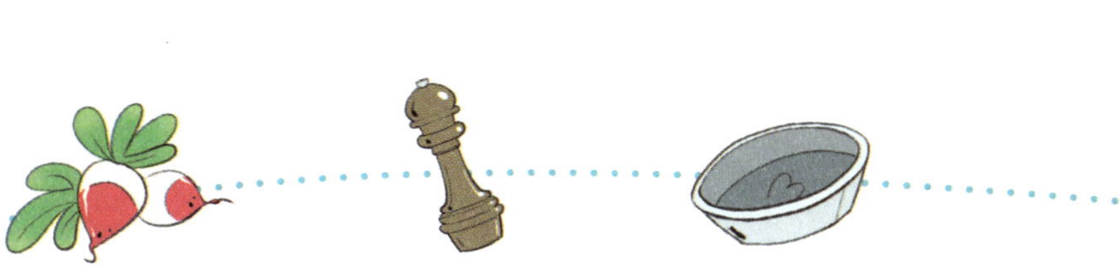

Sommaire

Automne

Hiver

Prologue

« Qu'est-ce qu'on mange ce soir ? »

C'est cette petite question lancinante, lassante, exaspérante qui m'a décidée à écrire cet ouvrage. Une simple question qui parfois me donnait des envies de fuir très, très, très loin... Pourtant quoi de plus légitime ? Nos enfants ont faim (tout le temps), sont angoissés par l'idée d'avoir une soupe aux épinards, sont trop petits pour atteindre le plan de travail ou trop grands pour avoir l'énergie de s'y mettre. Bref, c'est donc à nous, toujours à nous, pauvres mamans harassées, qu'est posée cette sempiternelle question... Suivie immédiatement par une inquiétude silencieuse : « Mais qu'est-ce que je vais bien pouvoir leur préparer ? »

Le plus compliqué, souvent, n'est pas de cuisiner mais bien de trouver une idée. Car il ne suffit pas d'être créative, il faut que cette idée, à la fois plaise au plus grand nombre (plaire à tout le monde vous pouvez oublier !), soit équilibrée, ne soit pas la même que la veille, et enfin soit facile et rapide à préparer car il est déjà tard. Et quand bien même vous avez trouvé l'idée de génie, ce sont alors les ingrédients nécessaires qui vous manquent. Alors vous vous rabattez immanquablement sur un bon plat de pâtes. « Et les cinq fruits et légumes par jour ? », vous souffle votre conscience de mère du XXIe siècle ! On verra demain...

Bref, cette insignifiante question vous épuise insidieusement, occupe votre esprit bien plus qu'il ne le faudrait et vous culpabilise beaucoup trop ! Il est temps de vous libérer de ce joug culinaire quotidien !

C'est pour cela que j'ai préparé tous vos menus pour l'année :

- 2 semaines de menus par saison (ce qui permet une rotation pas trop répétitive mais suffisante pour connaître et maîtriser chaque recette et ainsi gagner du temps en les réalisant).
- Des recettes simples, rapides, à la fois copieuses et équilibrées qui doivent convenir (et plaire !) aussi bien au petit dernier qu'au papa.
- Des plats à base de légumes ou de fruits pour être politiquement corrects mais aussi parce que c'est vraiment bon pour eux et pour ma ligne (avec un mélange de protéines animales mais aussi végétales, pour les mêmes raisons).
- Des menus très saisonniers pour le plaisir de retrouver les saveurs de l'été... en été et parce qu'il est aberrant de consommer une barquette de framboises qui a parcouru des milliers de kilomètres. Ça fait tousser !
- Et, pour que vous n'ayez plus à penser à rien, je vous ai aussi rédigé vos listes de courses hebdomadaires. Si, si !

Ainsi, non seulement vous ne craindrez plus la lancinante question mais vous allez même la guetter avec bonheur car cette fois vous aurez la réponse ! Vos enfants vous diront merci, votre mari aussi (s'il est bien élevé !) et surtout, surtout vous aurez du temps libre !

Reste à savoir maintenant ce que vous allez bien pouvoir faire de tout ce temps pour vous... encore une question ! Mais je vous laisse trouver une réponse, toute seule, cette fois-ci.

Alors, surtout, profitez-en bien !!!

Une maman qui vous veut du bien.

Des menus
d'équilibriste

Vous allez découvrir vos menus familiaux pour toute l'année, soit huit semaines de menus (deux par saison).

Ces menus ont été pensés pour répondre à quelques principes d'équilibre alimentaire importants. Ils sont donc structurés de la façon suivante :

Les protéines sont apportées en partie par du poisson et de la viande (cinq fois par semaine), des œufs mais aussi par des protéines végétales. Qu'est-ce que c'est ? C'est, en général, une combinaison de céréales et de légumineuses qui apportent les protéines nécessaires, mais sans viande ni poisson et donc très saines car sans graisses animales. C'est pourquoi vous rencontrerez dans les menus des recettes qui vous paraîtront peut-être trop légères ou incomplètes a priori, mais qui sont en vérité tout à fait rassasiantes et bien complètes.

Pour remplacer un steak ou une portion de poisson, on associe deux tiers de céréales et un tiers de légumineuses, soit approximativement 200 g de céréales (60 g secs) + 100 g de légumineuses (35 g secs) par personne.

Vous pouvez donc à tout moment remplacer un ingrédient par un autre, en piochant dans les listes suivantes :

- Céréales complètes en grains, en flocons, en semoule, en produits dérivés (pain, pâtes alimentaires, pâte à tarte, à tourte, à pizza…), provenant de : riz, flocons d'avoine, polenta (maïs), blé, épeautre…
- Légumineuses : lentilles vertes, lentilles corail, pois chiches, pois cassés, fèves, haricots blancs ou rouges, soja.

Concernant les viandes et les poissons, j'ai choisi des produits de saison tout en évitant les espèces menacées ou déconseillées. Vous pourrez dormir la conscience tranquille ! Mais rien ne vous empêche de les remplacer par des espèces différentes.

Les fruits et légumes sont omniprésents. Là encore, il s'agit de produits de saison et principalement locaux. J'ai sélectionné des fruits et légumes variés (feuilles, tubercules, fruits secs, etc.) pour les intégrer dans des recettes gourmandes. Vous retrouverez avec émotion le goût des saisons : la primeur des produits du printemps, les tomates mûres et les melons sucrés d'été, les potirons, les champignons et les noix d'automne ou encore les clémentines de Noël et les potées hivernales...

Les menus ne proposent pas d'entrées pour la semaine (uniquement pour les déjeuners du week-end) car cela allonge encore le temps de préparation du repas, mais vous pouvez en ajouter très simplement : radis, tomates, ou encore un fruit frais (c'est souvent meilleur en entrée ou en apéritif qu'au dessert). Enfin, pour apporter encore plus de vitamines, se glissent, un peu partout dans ces recettes, des herbes fraîches, des salades et des jus d'agrumes.

Les produits laitiers. On dit qu'il faut en consommer deux par jour. Vous les trouverez ici sous toutes leurs formes : yaourts, fromage blanc, fromages, crème ou lait... Libre à vous d'agrémenter vos repas d'un plateau de fromages de saison pour compléter un repas un peu léger ou juste par goût...

La plupart des desserts proposés permettent de préparer les fruits et les laitages de façon ludique. D'autres desserts sont réservés aux gourmands et donc, par conséquent, plus caloriques... Mais ce ne sont que des suggestions bien entendu, vous pouvez tout à fait les remplacer par un fruit et/ou un laitage. C'est pourquoi je vous propose aussi une version de liste de course sans les desserts.

Enfin, n'hésitez pas à aménager ces menus selon vos habitudes, à remplacer un plat par votre recette fétiche ou à sauter une journée pour les absences imprévues. Vous pourrez alors toujours vous rabattre sur une bonne vieille assiette de coquillettes au beurre !

Recettes, mode d'emploi

Notre objectif : vite fait, bien fait ! Ce qui est bien, c'est qu'une fois les courses rangées dans le placard et les menus tout prêts, le plus gros du travail est fait. Il ne reste plus qu'à suivre la recette.

Je me suis attelée à simplifier les recettes pour réduire au maximum les temps de préparation. En revanche certaines cuissons restent un peu longues parfois. Juste le temps pour vous de passer un coup de fil à une copine, de feuilleter un magazine ou de vous vernir les ongles… ou les trois à la fois !

Ces recettes proposent parfois deux versions : une version express (grâce à des légumes surgelés prédécoupés par exemple) et des conseils plus recherchés pour sublimer le plat (mais un peu plus longs à réaliser). À vous de choisir. Avec le temps et l'expérience, lorsque vous ferez ces plats en deux temps trois mouvements et les yeux fermés, vous aurez peut-être envie de tester les versions longues…

Si vous souhaitez gagner du temps, n'hésitez pas à cuisiner en doublant les quantités et en congelant la moitié.

Vous pouvez également acheter quelques ingrédients de base bien pratiques tels que des oignons émincés surgelés par exemple ou des mélanges de légumes vapeur. Certes, cuisiner sera toujours un peu plus long que de servir des plats cuisinés industriels, mais ce sera surtout bien plus sain, meilleur et souvent moins cher, sans compter l'immense fierté du travail accompli et la gratitude de votre maisonnée enthousiaste !

Si vous utilisez ce livre, c'est sans doute que vous n'êtes pas un Chef étoilé. C'est pourquoi j'ai essayé de concocter des recettes simples, faciles en les expliquant brièvement pour ne pas vous perdre.

Toutes les recettes de ce livre sont pour quatre personnes mais cela dépend des appétits (très différents en fonction des âges et des habitudes familiales). Donc, si vous avez la chance d'avoir deux ados en pleine crise, il va falloir compter double. Je suggère pour certaines recettes des adaptations plus rassasiantes.

Les températures et les temps de cuisson sont indicatifs mais varient en vérité beaucoup d'un four à l'autre. À adapter donc selon votre équipement.

Par ailleurs, vous constaterez que je propose souvent la cuisson des légumes au micro-ondes bien qu'elle soit moins parfaite qu'à la vapeur. Oui, mais elle est plus réaliste pour les soirs de semaine quand il est tard et que tout le monde est à cran !

La liste des ingrédients au début de chaque recette ne mentionne pas le sel et le poivre ou d'autres ingrédients lorsqu'ils sont utilisés en très petite quantité (beurre, huile, sucre...) car je considère qu'ils font partie du fonds de maison.

De la même façon, vous ne trouverez pas d'indications concernant le lavage et l'épluchage des fruits et légumes lorsque ce n'est pas indispensable à la recette. En effet, j'imagine que vous aurez l'idée de laver les fruits et les légumes. Ensuite l'épluchage dépend de vos préférences et également de vos habitudes (certains préfèrent brosser les légumes par exemple).

D'une manière générale, faites-vous confiance !

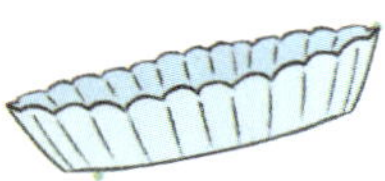

Pour un fonds de maison imparable !

- Sel, sel aux herbes, sel au céleri, poivre cinq baies, baies roses, gomasio (mélange de sel et de sésame grillé vendu avec les condiments ou dans les magasins bio).
- Herbes de Provence, noix de muscade, curry, coriandre, gingembre, cumin, paprika, safran, curcuma, cannelle, piment d'Espelette ou de Cayenne, ail en semoule, clous de girofle, laurier.

- Huile d'olive, huile de noisette, huile de noix, huile de colza ou tournesol, vinaigre de vin ou de cidre, vinaigre balsamique, moutarde douce.
- Cubes de bouillon (j'utilise souvent la moitié d'un cube car je trouve cela trop salé), sauce soja.
- Farine de blé (T80), chapelure, Maïzena®, agar-agar, levure chimique, levure boulangère.
- Lait, beurre, sucre en poudre roux fin, miel liquide.
- Papier d'aluminium, papier sulfurisé, film alimentaire.
- Grand Marnier, kirsch, rhum, cognac, vin blanc sec.

Quelques recettes de base

Quelques équivalences pratiques à connaître

- Une cuillerée à café rase = 0,5 cl de liquide ou 5 g de sel ou 4 g de farine
- Une cuillerée à soupe rase (3 cuillerées à café) = 1,5 cl de liquide ou 15 g de sel ou de crème fraîche ou 12 g de farine
- Un verre moyen = 20 cl de liquide ou 100 g (12 cuillerées à soupe) de farine

La vinaigrette

En ce qui concerne le vinaigre, je vous conseille d'avoir en fonds de maison du vinaigre de cidre et du balsamique et parfois de le remplacer par du citron (ou un autre agrume), de la moutarde, du vin ou de la sauce soja.

L'huile de base sera d'olive mais à alterner avec celle de colza ou de tournesol pour un goût plus neutre ou les huiles de noisette, de noix au contraire très parfumées.

Vous pouvez aussi remplacer l'huile par du yaourt ou de la crème liquide ou un jaune d'œuf (pour une sauce épaisse) ou la moitié d'eau pour une version allégée !

Mélangez ces ingrédients selon vos goûts et le plat à assaisonner mais en évitant de marier une huile très parfumée avec un vinaigre ou substitut lui-même très parfumé.

Le dosage : la règle est de mettre deux fois plus d'huile que de vinaigre mais faites selon vos préférences.

Vous ajouterez ce qui vous plaît pour relever la sauce : des condiments (fleur de sel ou gomasio, poivre moulu), de l'ail, oignon ou échalote, des herbes fraîches ciselées, des épices, des graines (moutarde, courge, lin), du gingembre ou encore une touche de miel ou de sucre (idéal pour des tomates pas assez mûres).

Mélangez bien avec une fourchette, un fouet ou un shaker.

La pâte à tarte

Les recettes utilisent des pâtes toute faites pour gagner du temps, mais préparer une pâte à tarte brisée ou sablée est très rapide, facile et vraiment meilleur. Je ne vous propose pas la recette de la pâte feuilletée qui est beaucoup plus longue.

La pâte brisée

* 250 g de farine
* 125 g de beurre demi-sel mou

Dans un robot, mixez la farine, le beurre en dés et 2 cuillerées à soupe d'eau puis formez une boule bien homogène.

Si vous faites la pâte à la main, utilisez du beurre mou (mais pas fondu !).

Sur un plan fariné, étalez la pâte sur une épaisseur d'environ 5 mm.

Le petit +

Vous pouvez parfumer votre pâte en ajoutant des herbes de Provence, du cumin, des graines, des épices pour une tarte salée, un peu de sucre pour une tarte sucrée… ou en remplaçant le beurre par 8 cl d'huile d'olive.

La pâte sablée

* 230 g de farine (ou 200 g de farine et 100 g de poudre d'amandes)
* 120 g de beurre demi-sel
* 1 œuf
* 80 g de sucre

Dans un saladier, mélangez l'œuf au sucre puis avec la farine et le beurre ramolli en émiettant comme pour un crumble.

Formez une boule homogène, placez-la au frais quelque temps avant de l'étaler sur une épaisseur d'environ 5 mm.

La pâte à pizza

* 400 g de farine
* Levure boulangère

Mélangez 1 petite cuillerée à café de levure, 1 à 2 cuillerées à café de sel, une bonne pincée de sucre et 20 cl d'eau tiède.

Couvrez d'un film alimentaire et laissez fermenter une dizaine de minutes, jusqu'à ce que des bulles se forment.

Pendant ce temps, dans un grand saladier, mélangez la farine avec une grosse cuillerée à soupe d'huile d'olive. Faites un puits au centre pour y verser l'eau avec la levure, mélangez puis pétrissez 5 bonnes minutes à la main.

Formez une boule avec la pâte dans le saladier et recouvrez d'un linge humide ou d'un film alimentaire. Laissez lever dans un endroit tiède. Le temps de repos dépend du type de pâte que vous souhaitez, au moins 30 minutes à 1 heure pour les pâtes fines, 1 à 2 heures ou plus pour les pâtes épaisses et aérées. Vous pouvez même la faire lever 24 heures au réfrigérateur.

Pétrissez à nouveau puis étalez la pâte avec vos mains farinées sur un plan fariné. Partez d'une boule que vous aplatissez. Étirez la pâte vers l'extérieur en tapotant avec vos mains tout en faisant tourner la pâte. L'idéal ensuite c'est de l'étirer en la lançant en l'air, poings fermés et toujours en la faisant tourner. Pas facile de jouer les pizzaiolos !

•••/•••

Attention, cette pâte doit être cuite à four bien chaud (250 °C ou plus) et pas trop longtemps (5 à 10 minutes) pour rester moelleuse. Il est donc nécessaire de prendre ce temps de cuisson en considération et précuire certains ingrédients de la garniture si nécessaire.

Le caramel au beurre salé ou Salidou

* 70 g de sucre en poudre
* 10 cl de crème liquide
* 40 g de beurre salé

Dans une large casserole à fond épais, mélangez bien le sucre avec 1 cuillerée à soupe d'eau. Étalez bien puis faites fondre à feu doux, sans remuer (on ne touche pas !), jusqu'à obtention d'un caramel clair. Cela demande un peu de patience et une surveillance constante pour ne pas le laisser brûler !

Hors du feu, versez la crème chaude et incorporez-la au caramel avec un fouet puis ajoutez le beurre en petits dés et une pincée de fleur de sel.

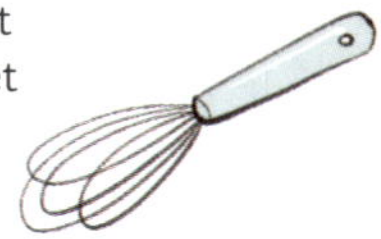

Divin…

La mayonnaise

* 1 œuf
* 20 cl d'huile
* Moutarde
* Vinaigre
* Sel, poivre

Attention, les ingrédients doivent être à température ambiante, pensez à les sortir du réfrigérateur une demi-heure avant.

Dans un récipient très étroit et à bord haut, mixez le jaune d'œuf, du sel, du poivre, 1 cuillerée à soupe de moutarde et un filet de vinaigre, puis incorporez l'huile petit à petit, sans cesser de mixer.

Le petit +

Du persil ou de la ciboulette ciselés.

La béchamel

Pour une béchamel classique :

- 50 cl de lait
- 30 g de beurre
- 30 g de farine
- Noix de muscade râpée

Portez le lait à ébullition. Dans une autre casserole, faites fondre le beurre puis ajoutez la farine en une fois. Laissez cuire 2 minutes à petit feu en remuant. Hors du feu, incorporez le lait bouillant au roux petit à petit avec un fouet. Remettez sur feu moyen pendant 5 minutes sans cesser de remuer.

Salez, poivrez et ajoutez de la noix de muscade.

Pour une béchamel express :

- 50 cl litre de lait
- 40 g de beurre
- 40 g de farine
- Noix de muscade râpée

Incorporez le lait tiède petit à petit à la farine puis ajoutez le beurre fondu. Mélangez bien.

Salez, poivrez et ajoutez de la noix de muscade.

Enfournez au micro-ondes pour 2 minutes 30. Mélangez. Si la béchamel n'est pas prise, prolongez la cuisson par tranches d'une minute.

La crème pâtissière rapide

- 50 g de sucre
- 30 cl de lait
- 30 g de farine
- 1 sachet de sucre vanillé
- 2 jaunes d'œufs

Délayez la farine dans un peu de lait puis incorporez les jaunes, le sucre et le reste du lait. Mélangez bien puis recouvrez le plat avec un film alimentaire et passez au micro-ondes 2 minutes 30.

Mélangez et remettez à nouveau au micro-ondes 2 minutes 30.

Mélangez et laissez refroidir 5 minutes. La crème va épaissir en refroidissant.

Et pour accompagner les soupes et veloutés ou les œufs cocottes...

Les petits pains poêlés

- 140 g de farine
- 1 œuf
- 5 cl d'eau
- Épices

Mélangez la farine avec l'œuf, l'eau, un filet d'huile d'olive, une bonne pincée de sel et les épices de votre choix.

Façonnez 4 boules. Laissez reposer 15 minutes.

Aplatissez-les (environ ½ cm de haut) avec les mains farinées.

Poêlez à feu vif 2 minutes de chaque côté.

Le petit +

Ajoutez du gruyère, saupoudrez de graines de moutarde à la surface ou de cumin.

Les scones salés

- 250 g de farine
- 1 sachet de levure
- 5 cuillerées à soupe de lait
- 5 cuillerées à soupe de crème liquide
- 100 g de comté râpé

Préchauffez le four à 200 °C.

Mélangez à la main la farine avec la levure, le lait, la crème et une cuillerée à café de sel.

Ajoutez le comté, pétrissez rapidement.

Étalez la pâte en gardant environ 5 cm d'épaisseur et découpez des cercles de 5 cm de diamètre.

Enfournez pour 15 minutes.

Le petit +

Ajoutez des lardons fumés ou des morceaux de chorizo. Pour des scones sucrés remplacez le fromage par 30 g de sucre.

Par quoi remplacer…

Originaire de Normandie, j'utilise souvent des produits laitiers (de la crème fraîche !) ou un peu d'alcool dans mes recettes, mais si vous n'appréciez pas cela autant que moi, voici quelques alternatives :

Vous pouvez substituer :

- **le beurre** par de la compote de pommes (gâteaux) ou de l'huile d'olive ou de la purée d'amandes ;

- **la crème fraîche** par de la crème de soja pour la cuisine (gratins) ou du tofu soyeux (soupes) ou de la crème d'amande (entremets) ;
- **les fromages** par de la levure de bière maltée vendue en paillettes avec un filet de crème de soja pour la cuisine (gratins), par de la chapelure (pizzas) seule ou mélangée à de la purée d'amandes (risottos, pâtes), par du tofu soyeux (soupes, tartines) ou du tofu en bloc (lasagnes à la ricotta, desserts au mascarpone) ;
- **le lait** par les laits végétaux d'amande, de noisette, de coco, de riz, de soja ou d'avoine (boissons et desserts), ou du bouillon (purées, béchamel) ;
- **les œufs** par 2 g d'agar-agar ou 2 cuillerées à soupe de fécule de maïs (crèmes dessert, flans) ou ½ banane mixée ou 60 ml de purée de pommes ou 100 g de tofu soyeux (mousses, gâteaux) ou 100 g de tofu soyeux ou 1 cuillerée à café de lait concentré non sucré (mayonnaise) ;
- **le sucre** par le miel ou le sirop d'agave, le sirop de riz ou un édulcorant naturel comme la stévia ;
- **le vin blanc** par du jus de pomme, du cidre, du bouillon de volaille, du citron ou du vinaigre avec un peu de sucre ;
- **le vin rouge** par du bouillon de bœuf ;
- **le calvados** par du cidre ou du jus de pomme ;
- **un oignon frais** par une grosse cuillerée de poudre d'oignons ou une cuillerée à soupe d'oignons émincés et séchés ;
- **l'ail frais** par de l'ail en semoule, par de la ciboule (entre oignon et ciboulette), par de la ciboulette, par de l'échalote.

Printemps

Mon marché de printemps

Fruits : fraise, framboise, cerise, abricot, rhubarbe, citron, pomme, amande, figue, kiwi, melon.

Légumes : asperge, fève, oseille, petits pois, chou-fleur, radis rose, cresson, épinards, navet, artichaut, poivrade, blette, carotte, poireau, haricot vert, cerfeuil, courgette, pomme de terre (primeur), betterave.

Salades : laitue, pourpier, scarole, frisée, romaine, roquette.

Aromates : échalote, oignon, aneth, basilic, ciboulette, coriandre, estragon, laurier, marjolaine, menthe, origan, persil, piment, romarin, sauge, thym.

Champignons : morille, cèpe.

Viandes : veau, agneau, pigeon.

Poissons : maquereau sauvage, saint-pierre, sardine, crevette, langoustine. Et toute l'année : mulet, capelan, picarel, oblade, lieu noir, tacaud, truite d'élevage, haddock.

Fromages : camembert, brie, fromages de chèvre, roquefort et bleus, Ossau-Iraty.

Printemps

Semaine 1

Menus	Déjeuners	Dîners
Lundi		
Plats	Gratin de saint-pierre facile	Tourte aux petits légumes
Desserts	Cerises	Verrine au kiwi
Mardi		
Plats	Taboulé très frais et saucisson	Lasagnes ricotta-épinards
Desserts	Yaourt	Abricots
Mercredi		
Plats	Poêlée de veau aux petits pois	Feuilleté au chèvre
Desserts	Soupe de fraises	Mousse de chocolat au lait
Jeudi		
Plats	Salade tiède de courgettes	Œuf cocotte à la carotte
Desserts	Tarte à la rhubarbe	Yaourt
Vendredi		
Plats	Pot-au-feu de poisson express	Tatin de tomates cerises
Desserts	Yaourt	Fraises au chocolat
Samedi		
Entrées	Smoothie aux carottes	
Plats	Omelette aux herbes fraîches	Pizza poivrade
Desserts	Cheesecake sans œuf au citron	Milk-shake fraise-citron
Dimanche		
Entrées	Radis roses	
Plats	Tajine d'agneau aux figues	Velouté de fanes de radis
Desserts	Délice de mousse aux fraises	Pain (pas) perdu

Lundi

Déjeuner

Gratin de saint-pierre facile

PRÉPARATION : 5 MINUTES • CUISSON : 15 MINUTES

- 4 filets de saint-pierre ou autre poisson blanc
- 12 tomates cerises
- Baies roses
- 1 pincée de curry
- Thym
- 250 g de semoule

Préchauffez votre four à 180 °C.

Placez les filets et les tomates cerises dans un plat à gratin huilé. Saupoudrez du thym, des baies roses, du curry, du sel, du poivre et versez un filet d'huile d'olive.

Enfournez pour 15 minutes.

Pendant ce temps, préparez la semoule en 5 minutes, comme indiqué sur le paquet.

Le petit +

Encore meilleur ! Assaisonnez la semoule avec de l'huile d'olive, du persil ciselé, de l'ail pressé, des épices et des herbes de Provence, ou remplacez-la par des céréales aux épices surgelées.

Dessert

600 g de cerises

Dîner

Tourte aux petits légumes du printemps

Préparation : 10 minutes • Cuisson : 35 minutes

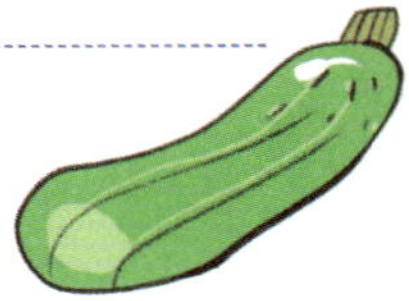

- 2 pâtes à tarte brisées
- 200 g de petits pois surgelés
- 2 petites courgettes
- 1 oignon
- 3 œufs
- 20 cl de lait
- 300 g de brousse
- 50 g de parmesan râpé
- 1 gousse d'ail

Préchauffez votre four à 180 °C.

Coupez les courgettes en rondelles fines au robot et faites-les fondre 5 minutes avec l'oignon émincé, les petits pois et l'ail pressé dans un peu d'huile d'olive.

Dans un saladier, mélangez la brousse avec les œufs, le parmesan, le sel et le poivre. Ajoutez les légumes. Salez et poivrez.

Foncez le moule à tarte avec une pâte en laissant les bords dépasser puis versez-y la préparation. Recouvrez avec l'autre pâte en pressant bien les bords et faites un petit trou au centre.

Badigeonnez la tourte avec un peu de lait.

Enfournez pour 30 minutes.

Le petit +

Pour gagner du temps, vous pouvez utiliser un mélange de légumes surgelés précuits à la vapeur (courgettes, petits pois, carottes, oignons grillés) décongelés.

Dessert

Verrines au kiwi

Préparation : 5 minutes

- 400 g de fromage blanc
- 4 kiwis
- 4 spéculos
- Sucre

Battez le fromage blanc avec un peu de sucre.

Évidez les kiwis, puis mixez la chair avec du sucre.

Répartissez le fromage blanc dans 4 verrines, versez dessus le coulis et les spéculos émiettés.

Vous pouvez remplacer le sucre par du sirop d'agave, moins calorique. Mettez-en moins car c'est plus « sucrant ».

Mardi

Déjeuner

Taboulé très frais

PRÉPARATION : 10 MINUTES • CUISSON : 8 MINUTES

- 150 g de boulgour
- 150 g de fèves fraîches pelées surgelées
- 4 bouquets de persil plat
- 1 bouquet de menthe
- 4 tomates
- 1 petit oignon
- ½ citron
- Saucisson sec

Faites cuire le boulgour 8 minutes dans l'eau bouillante.

Ciselez les herbes dans un saladier. Ajoutez les tomates en petits dés, l'oignon haché et les fèves crues décongelées.

Rincez le boulgour sous un filet d'eau froide puis égouttez-le bien, et versez-le dans le saladier.

Assaisonnez de jus du citron, de 3 cuillerées à soupe d'huile d'olive, de sel et de poivre.

Servez accompagné de saucisson sec finement tranché.

Le petit +

Parsemez le taboulé de pignons grillés avant de servir.

Dessert

4 yaourts

Dîner

Lasagnes ricotta-épinards

PRÉPARATION : 10 MINUTES • CUISSON : 25 MINUTES

- 12 plaques de lasagnes
- 500 g d'épinards surgelés hachés
- 250 g de ricotta
- 40 cl de crème liquide
- 100 g de fromage râpé
- Ail en semoule

À peine le temps de refaire sa manucure…

Préchauffez votre four à 220 °C.

Mélangez les épinards décongelés et bien égouttés avec un peu d'ail, du sel et du poivre.

Au fond du plat à gratin, étalez un peu de crème puis placez 4 plaques de lasagnes. Ajoutez un tiers des épinards puis émiettez un tiers de la ricotta. Salez, poivrez. Recommencez deux fois l'opération puis saupoudrez du fromage râpé. Recouvrez d'une feuille de papier d'aluminium.

Enfournez pour 20 minutes.

Enlevez l'aluminium et laissez gratiner 5 minutes.

Le petit +

C'est bien meilleur avec des épinards frais à cuire 2 minutes dans une poêle bien chaude avec de l'ail pressé, du sel et du poivre, mais il faut avant cela les équeuter. Prévoyez une grosse botte d'épinards frais car cela réduit énormément !

Dessert

8 abricots

Mercredi

Déjeuner

Poêlée de veau aux petits pois

PRÉPARATION : 5 MINUTES • CUISSON : 14 MINUTES

* 4 escalopes de veau fines
* 4 tranches fines de bacon fumé
* 4 tranches de gruyère
* 400 g de petits pois surgelés

Sortez les escalopes du réfrigérateur une demi-heure avant.

Faites-les dorer dans une poêle avec un peu de beurre 1 minute à feu vif puis laissez cuire 3 minutes d'un côté, très doucement. Retournez les escalopes et disposez sur chacune du bacon et du gruyère. Couvrez et laissez cuire encore 3 minutes à couvert.

Pendant ce temps, faites cuire les petits pois au micro-ondes ou à l'eau (7 minutes).

Laissez reposer la viande quelques minutes à couvert pour qu'elle soit plus tendre.

Le petit +

Pour un résultat gratiné, poêlez les escalopes 3 minutes de chaque côté puis disposez le bacon et le gruyère dessus et passez quelques minutes au four en position grill.

Dessert

Soupe de fraises

PRÉPARATION : 5 MINUTES • RÉFRIGÉRATION : 1 HEURE

* 800 g de fraises
* 1 citron
* 2 cuillerées à café de sucre glace
* Quelques feuilles de menthe fraîche

Lavez et équeutez les fraises puis mixez-les avec 1 cuillerée à soupe de jus de citron et le sucre glace. Versez dans 4 bols et réserver au frais au moins 1 heure.

À servir frais, parsemée de menthe ciselée.

Dîner

Feuilleté au chèvre

Préparation : 5 minutes • Cuisson : 15 minutes

- 1 pâte feuilletée
- 1 bûche de chèvre
- Ciboulette
- Lait
- 1 mesclun de salade
- Quelques noix

Préchauffez votre four à 180 °C.

Formez 4 triangles avec la pâte à tarte. Sur chacun, disposez trois rondelles de chèvre.

Arrosez d'un filet d'huile d'olive et saupoudrez de la ciboulette ciselée et du poivre. Repliez les angles pour refermer les feuilletés. Badigeonnez avec un peu de lait.

Enfournez pour 15 minutes.

Servez les feuilletés chauds avec une salade de jeunes pousses à la ciboulette et aux cerneaux de noix.

Le petit +

Versez un filet de miel sur le fromage de chèvre.
Pour varier, vous pouvez remplacer la bûche par du saint-marcellin ou de la brousse.

Dessert

Mousse de chocolat au lait

PRÉPARATION : 5 MINUTES • RÉFRIGÉRATION : 2 HEURES

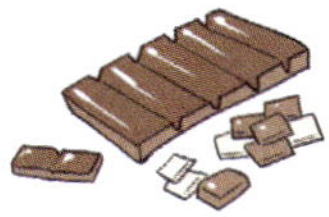

* 200 g de chocolat au lait
* 4 œufs

Faites fondre le chocolat doucement dans un bain-marie puis ajoutez 2 jaunes d'œufs et mélangez bien.

Laissez refroidir.

Montez les 4 blancs d'œufs avec une pincée de sel puis incorporez-les très délicatement au chocolat.

Versez dans 4 ramequins et réservez 2 heures au réfrigérateur ou 30 minutes au congélateur.

Le petit +

Préparez la mousse la veille, c'est encore meilleur !

Jeudi

Déjeuner

Salade tiède de courgettes

PRÉPARATION : 5 MINUTES • CUISSON : 5 MINUTES

* 4 courgettes
* 100 g de pignons de pin
* 1 gousse d'ail
* Vinaigre balsamique
* 4 tranches de jambon fumé

Sans les éplucher, détaillez les courgettes en lanières à l'aide d'un économe ou d'un ustensile approprié (mandoline, taille-légume…).

Faites revenir dans une poêle avec une gousse d'ail pressée pendant 5 minutes à feu moyen.

Faites griller les pignons de pin à la poêle en douceur et sans les brûler. Versez sur les courgettes puis ajoutez une vinaigrette.

Servez tiède accompagné de jambon fumé.

Dessert

Tarte à la rhubarbe

PRÉPARATION : 10 MINUTES • CUISSON : 30 MINUTES

* 1 pâte brisée
* 600 g de rhubarbe (environ 6 tiges)
* 2 œufs
* 20 cl de crème fraîche
* 150 g de sucre

Préchauffez votre four à 200 °C.

Coupez la rhubarbe en petits tronçons (sans la peler), saupoudrez une cuillerée à soupe de sucre et faites cuire 2 minutes au micro-ondes pour la faire dégorger.

Placez la pâte à tarte dans le moule et piquez le fond avec une fourchette. Disposez la rhubarbe égouttée sur le fond de tarte.

Mélangez les œufs, le sucre et la crème puis versez sur la rhubarbe.

Enfournez pour 30 minutes.

Servez la tarte tiède ou froide.

Le petit +

Ajoutez une cuillerée à café de cannelle dans la préparation. Pour une version légère, remplacez la crème par un yaourt.

Dîner

Œuf cocotte à la carotte

PRÉPARATION : 5 MINUTES • CUISSON : 3 MINUTES

* 4 œufs
* 100 g de purée de carotte surgelée
* 20 cl de crème fraîche
* Persil frais
* 4 tranches de pain de campagne

Mélangez la purée décongelée avec 10 cl de crème fraîche, un peu de persil ciselé et du sel.

Mettez la purée dans le fond des ramequins puis cassez un œuf et percez le jaune. Salez et poivrez, puis recouvrez avec le reste de crème fraîche.

Couvrez les ramequins de film alimentaire et cuisez-les 45 secondes au micro-ondes.

Si la cuisson est insuffisante, recommencez par tranches de 20 secondes.

Servez avec des mouillettes de pain de campagne.

•••/•••

Le petit +

La cuisson traditionnelle se fait au bain-marie pendant 8 minutes. Pour cela, il faut préchauffer le four à 210 °C avec un plat rempli d'eau. Pour varier, essayez avec de la purée de céleri.

Dessert

4 yaourts

Vendredi

Déjeuner

Pot-au-feu de poisson express

Préparation : 5 minutes • Cuisson : 10 minutes

- 600 g de poisson coupé en cubes (églefin ou colin)
- 4 cuillerées à café de fumet de poisson en poudre
- 450 g de julienne de légumes surgelée (carottes, courgettes...)
- 10 cl de crème de soja pour la cuisine
- 1 petit pot de rouille
- Pain de campagne

Dans un plat allant au micro-ondes, versez le fumet dans 20 cl d'eau et délayez.

Ajoutez le poisson et les légumes. Poivrez et mélangez.

Couvrez et faites cuire 10 minutes au micro-ondes en remuant à mi-cuisson.

Enlevez la moitié du jus de cuisson puis ajoutez la crème.

Mélangez et servez immédiatement avec des tartines de rouille.

Dessert

4 yaourts

Dîner

Tatin de tomates cerises

PRÉPARATION : 5 MINUTES • CUISSON : 30 MINUTES

* 1 pâte brisée
* 600 g de tomates cerises
* 2 cuillerées à soupe de vinaigre balsamique
* 2 cuillerées à soupe de sucre
* 1 scarole

Préchauffez votre four à 210 °C.

Dans le fond du moule à tarte, mélangez le sucre et le vinaigre.

Répartissez les tomates cerises entières, bien serrées, dans le fond du moule. Salez, poivrez, versez un filet d'huile d'olive et quelques herbes de Provence.

Enfournez pour 15 minutes pour les caraméliser.

Recouvrez avec la pâte et faites un petit trou au centre.

Enfournez à nouveau 15 minutes.

Démoulez la tarte en la retournant et servez-la tiède accompagnée de salade scarole.

C'est aussi très bon froid !

Le petit +

Parsemez quelques copeaux de parmesan après le démoulage. Pour changer : si vous n'appréciez pas le parfum du vinaigre balsamique ou simplement pour varier les plaisirs, vous pouvez remplacer le caramel balsamique par un mélange de miel liquide (3 cuillerées à soupe) et d'herbes de Provence (2 cuillerées à café).

Dessert

Fraises au chocolat

PRÉPARATION : 5 MINUTES

* 18 belles fraises
* 150 g de chocolat pâtissier

Rincez les fraises et séchez-les bien.

Faites fondre le chocolat au bain-marie ou au micro-ondes par séquences de 20 secondes en remuant à chaque fois, puis ajoutez une cuillerée à café d'huile de tournesol immédiatement et mélangez.

Trempez les fraises dans le chocolat et laissez-les refroidir sur du papier sulfurisé.

Servez froid.

Samedi

Déjeuner

Entrée

Smoothie aux carottes

PRÉPARATION : 2 MINUTES

* 50 cl de jus de carottes frais
* 25 cl de jus d'orange
* Gingembre en poudre
* 2 yaourts veloutés

Mixez le jus de carottes avec le jus d'orange, une pincée de gingembre et les yaourts.

Versez dans quatre verres et servez aussitôt.

Le petit +

La version longue : dans un blender, mixez 12 carottes coupées en morceaux avec le jus de 6 oranges, un morceau de gingembre frais râpé et 2 yaourts veloutés.

Plat

Omelette aux herbes fraîches

Préparation : 2 minutes • Cuisson : 5 minutes

* 8 œufs
* 2 cuillerées à soupe de crème fraîche liquide
* 2 cuillerées à soupe de persil ciselé
* 2 cuillerées à soupe de ciboulette ciselée
* Quelques feuilles de coriandre ou de cerfeuil
* Sel au céleri
* 6 tomates

Battez les œufs en omelette avec une cuillerée à soupe d'eau froide puis ajoutez la crème, le sel, le poivre et les herbes ciselées. Mélangez puis versez dans une poêle bien chaude beurrée et laissez cuire à feu doux jusqu'à la cuisson désirée (baveuse ou bien cuite).

Servez l'omelette accompagnée d'une salade de tomates avec une vinaigrette au vinaigre balsamique.

Le petit +

Ajoutez 50 g de parmesan râpé avant la cuisson.

Dessert

Cheesecake sans œuf au citron

Préparation : 10 minutes • Cuisson : 1 minute • Réfrigération : 2 heures

* 170 g de spéculos
* 70 g de beurre
* 400 g de fromage frais bien dense (Philadelphia®)
* 60 g de crème épaisse bien froide

C'est encore meilleur si vous le faites la veille.

Mixez les gâteaux avec le beurre fondu. Tassez bien le mélange au fond d'un moule à gâteaux chemisé de papier sulfurisé puis réservez au congélateur (l'idéal, c'est un cercle à pâtisserie).

Dans un saladier, battez le fromage et la crème pendant quelques minutes puis incorporez le sucre.

•••/•••

- 80 g de sucre glace
- 2 citrons
- 3 g d'agar-agar

Diluez l'agar-agar dans le jus d'un citron, portez à ébullition une minute en remuant. Ajoutez le jus du second citron, mélangez bien puis incorporez immédiatement à la préparation. Battez à nouveau pour bien mélanger.

Versez la préparation sur le fond biscuité, lissez puis mettez au réfrigérateur plusieurs heures ou 30 minutes au congélateur.

Le petit +

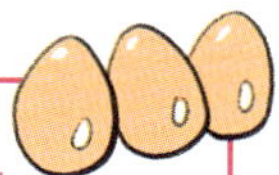

Servez avec un petit coulis de framboises : mixez 200 g de framboises avec 10 g de sucre glace et 10 cl d'eau. Ou encore, disposez 250 g de framboises sur le fond biscuité avant de verser la préparation.

Dîner

Pizza poivrade

PRÉPARATION : 3 MINUTES • CUISSON : 20 MINUTES

- 1 pâte à pizza
- 300 g de sauce tomate pour pizza
- 6 artichauts poivrade marinés
- 200 g de fromage de chèvre frais
- Roquette

Préchauffez votre four à 200 °C.

Déroulez la pâte à pizza sur une plaque de cuisson huilée ou sur du papier de cuisson.

Sur la pâte, étalez la sauce tomate puis les artichauts en quartiers et enfin le chèvre en morceaux.

Saupoudrez du sel, du poivre, une pointe d'ail semoule et versez un filet d'huile d'olive.

Enfournez la pizza pour 20 minutes.

Accompagnez d'une salade de roquette.

•••/•••

Le petit +

Vous pouvez aussi faire une pâte à pizza maison (retrouvez la recette page 17).
Avec des artichauts poivrade frais : coupez les tiges et enlevez les premières rangées de feuilles dures à la main. Coupez le haut des feuilles restantes (environ à la moitié). Ensuite taillez les artichauts pour enlever les parties dures des feuilles extérieures en tournant autour avec un couteau aiguisé, de la base vers le sommet. Coupez les artichauts en quartiers, enlevez le foin si nécessaire. Roulez-les dans de l'huile, du sel et du poivre.

Dessert

Milk-shake fraise-citron

PRÉPARATION : 3 MINUTES

- 400 g de fraises
- 4 boules de sorbet au citron
- 20 g de sucre roux
- 30 cl de lait
- 4 glaçons

Mixez les fraises équeutées avec le sorbet, le sucre, le lait et les glaçons. Versez dans 4 grands verres et servez immédiatement avec une paille !

Dimanche

Déjeuner

Entrée

Radis roses

PRÉPARATION : 2 MINUTES

* 1 botte de radis

Lavez et équeutez les radis.
Attention à bien garder les fanes pour la soupe du soir !

Dégustez avec un peu de sel, de beurre et de la baguette fraîche. Tout simplement…

Le petit +

Une petite salade express ? Découpez les radis en rondelles, assaisonnez avec un filet de crème de soja cuisine, de la ciboulette ciselée, du sel et du poivre.

Plat

Tajine d'agneau aux figues

PRÉPARATION : 8 MINUTES • CUISSON : 1 H 20

* 600 g d'épaule d'agneau coupée en cubes d'environ 3 cm
* 6 figues fraîches
* 1 orange
* 1 oignon
* 4 gousses d'ail

Détachez les gousses d'ail mais ne les épluchez pas, gardez-les dans leur peau.

Détaillez la moitié du zeste de l'orange en fines lanières. Pressez l'orange.

Dans une cocotte à fond épais ou idéalement un plat à tajine, faites revenir l'oignon 5 minutes dans l'huile d'olive puis ajouter les gousses d'ail,

•••/•••

- 1 cuillerée à soupe de mélange d'épices en poudre (safran, curcuma, cannelle, gingembre)
- 50 g d'amandes émondées
- Miel liquide
- 250 g de semoule de couscous

détachées mais pas épluchées, et la viande. Dès que la viande est dorée, ajoutez le jus d'orange, le zeste, les épices, le sel et le poivre.

Couvrez et laissez mijoter à feu doux pendant 1 heure. Ajoutez les figues coupées en deux, les amandes et une cuillerée à soupe de miel et laissez cuire 15 minutes à découvert.

Pendant ce temps, préparez la semoule comme indiqué sur le paquet (environ 5 minutes).

Servez chaud accompagné de la semoule.

Le petit +

Parsemez de la coriandre fraîche ciselée avant de servir.

Dessert

Délice de mousse aux fraises

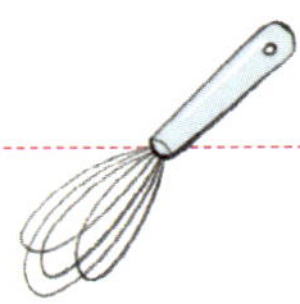

Préparation : 10 minutes • Réfrigération : 1 heure

- 400 g de fraises
- 80 g de sucre
- 25 cl de crème
- 2 blancs d'œufs
- 1 citron
- 1 meringue
- Feuilles de menthe
- Amandes effilées

Lavez et équeutez les fraises.

Dans un robot, mixez les fraises, le jus de citron et le sucre.

Dans un saladier, fouettez la crème 5 minutes puis incorporez petit à petit les fraises mixées.

Dans un autre saladier, battez les blancs en neige puis incorporez-les délicatement à la préparation. Émiettez de la meringue au fond de 4 ramequins puis versez la mousse par-dessus et mettez au réfrigérateur au moins 1 heure.

Parsemez quelques feuilles de menthe ou des amandes effilées pour décorer.

Dîner

Velouté de fanes de radis

PRÉPARATION : 5 MINUTES • CUISSON : 15 MINUTES

* Les fanes de la botte de radis du déjeuner
* 1 oignon
* 2 pommes de terre
* 2 cuillerées à soupe de flocons d'avoine
* 15 cl de crème de soja pour la cuisine
* Croûtons

Dans une casserole, placez les fanes de radis, les pommes de terre en morceaux, l'oignon coupé en quatre et les flocons d'avoine. Recouvrez d'eau, portez à ébullition puis faites cuire à feu doux pendant environ 15 minutes. Enlevez un maximum de jus et réservez-le.

Mixez les légumes cuits puis réincorporez du jus petit à petit pour obtenir la consistance désirée.

Ajoutez la crème, du sel et du poivre. Servez avec les croûtons.

Le petit +

Ajoutez 4 radis coupés en rondelles dans le velouté au moment de servir.

Si le velouté est trop liquide, ajoutez une cuillerée de Maïzena® diluée.

Et, pour les plus aventurières, testez la même recette mais en remplaçant les fanes par des orties. Ça ne pique pas et c'est très fin

Dessert

Pain (pas) perdu

PRÉPARATION : 5 MINUTES • CUISSON : 5 MINUTES

* 20 cl de lait
* 10 cl de crème liquide
* 2 jaunes d'œufs
* 150 g de sucre
* 8 tranches de pain rassis (ou de brioche !)

Décidément, ce soir on ne jette rien. Dîner récup !

Battez les jaunes d'œufs avec la moitié du sucre puis ajoutez le lait et la crème.

Faites tremper les tranches de pain dans ce mélange (jusqu'à ce que le pain soit profondément imbibé mais sans être réduit en bouillie) puis faites-les dorer dans une poêle chaude avec une noix de beurre.

Hors du feu, saupoudrez du sucre sur les pains perdus et servez aussitôt.

Le petit +

Pour faire caraméliser les tranches de pain, déposez un peu de cassonade dans le beurre en faisant chauffer la poêle.

Votre liste de courses pour la Semaine 1 du printemps

Légumes

- 10 tomates
- 800 g de tomates cerises
- 6 petites courgettes
- 1 botte de radis
- 2 pommes de terre
- 1 salade de roquette
- 1 scarole
- 1 salade de jeunes pousses
- 4 oignons
- 6 gousses d'ail
- 5 bouquets de persil plat
- 2 bouquets de menthe
- Quelques brins de ciboulette
- Quelques feuilles de coriandre ou cerfeuil

Poissonnerie

- 4 filets de saint-pierre
- 600 g d'églefin ou de colin

Boucherie

- 4 fines escalopes de veau
- 600 g d'épaule d'agneau en cubes

Épicerie

- 150 g de boulgour
- 500 g de semoule de couscous
- 12 plaques de lasagnes
- 300 g de sauce tomate pour pizza
- 6 petits artichauts marinés
- 20 g de fumet de poisson
- 1 petit pot de rouille
- 30 g de flocons d'avoine
- 3 g d'agar-agar
- 460 g de sucre roux (fin)
- 110 g de sucre glace
- 1 c. à s. de miel liquide
- 200 g de spéculos
- 150 g de chocolat à cuire
- 200 g de chocolat au lait (à cuire)
- 1 meringue
- 8 tranches de pain de campagne
- 8 tranches de pain ou brioche rassis
- 1 paquet de croûtons
- 50 cl de jus de carottes
- 25 cl de jus d'oranges

En rose sont indiquées les quantités qui concernent les desserts.

Votre liste de courses pour la Semaine 1 du printemps

Fruits

- 600 g de cerises
- 1,8 kg de fraises
- 8 abricots
- 600 g (6 tiges) de rhubarbe
- 6 figues
- 4 kiwis
- 1 orange
- 1/2 + 4 citrons
- 15 cerneaux de noix
- 50 g d'amandes émondées
- 100 g de pignons

Crémerie/Frais

- 70 g de beurre
- 20 cl + 50 cl de lait
- 73 cl + 55 cl de crème liquide
- 60 g de crème épaisse
- 25 cl de crème de soja cuisine
- 400 g de fromage blanc
- 12 yaourts
- 2 yaourts veloutés
- 15 + 10 œufs
- 3 + 1 pâtes brisées
- 1 pâte feuilletée
- 1 pâte à pizza
- 4 tranches fines de gruyère
- 100 g de gruyère râpé
- 50 g de parmesan râpé
- 200 g de chèvre frais
- 400 g de fromage frais dense (Philadelphia®)
- 300 g de brousse
- 1 bûche de chèvre
- 250 g de ricotta

Surgelé

- 600 g de petits pois
- 150 g de fèves crues pelées
- 500 g d'épinards hachés
- 450 g de julienne de légumes
- 100 g de purée de carottes
- 30 cl de sorbet au citron

Charcuterie

- 1 saucisson sec
- 4 tranches fines de bacon fumé
- 4 tranches de jambon fumé

Et n'oubliez pas de compléter votre fonds de maison (voir page 13) si nécessaire…

Printemps

Semaine 2

Menus	Déjeuners	Dîners
Lundi		
Plats	Lieu pané et purée	Carrot cake salé et salade
Desserts	Fraises à la chantilly	Yaourt
Mardi		
Plats	Salade bio complète	Tagliatelles aux courgettes
Desserts	Gâteau à la rhubarbe	Kiwi à la coque
Mercredi		
Plats	Papillote de poulet rapide	Croque au chèvre et au bacon
Desserts	Salade de fruits rouges	Panacotta au coulis d'abricot
Jeudi		
Plats	Risotto aux asperges	Crumble d'épinards aux noix
Desserts	Yaourt	Mug cake au chocolat
Vendredi		
Plats	Truite aux amandes en papillote	Tian de courgettes aux ravioles
Desserts	Clafoutis de pommes	Yaourt
Samedi		
Entrées	Œuf mimosa	
Plats	Galette chèvre, miel et salade	Gratin de chou-fleur express
Desserts	Fromage blanc fouetté au Salidou	Mousse de citron
Dimanche		
Entrées	Asperges vinaigrette	
Plats	Rôti de veau aux pommes de terre nouvelles	Soupe de fèves
Desserts	Sablé aux fraises	Crêpes au pamplemousse

Lundi

Déjeuner

Lieu pané et purée

PRÉPARATION : 10 MINUTES • CUISSON : 25 MINUTES

* 4 pavés de lieu noir
* 1 œuf
* 60 g de chapelure
* 30 g de gomasio
* 1 bonne pincée de piment d'Espelette
* 1 kg de pommes de terre
* 20 cl de lait entier
* 50 g de beurre

Préchauffez votre four à 180 °C.

Faites cuire à l'eau les pommes de terre épluchées et coupées en deux pendant 15 minutes.

Pendant ce temps, trempez les poissons dans l'œuf battu puis dans le mélange de chapelure, de gomasio et de piment. Arrosez d'un filet d'huile et enfournez pour 10 minutes.

Pendant ce temps, réduisez les pommes de terre en purée à la fourchette puis incorporez le beurre et le lait. Salez, poivrez et mélangez bien.

Vous pouvez servir !

Le petit +

Une touche de vert ? Équeutez 500 g d'oseille puis faites-la fondre à feu doux dans 30 g de beurre pendant 8 minutes, en remuant. Égouttez bien puis incorporez à votre écrasé de pommes de terre.

Dessert

Fraises à la chantilly

PRÉPARATION : 8 MINUTES • TEMPS DE RÉFRIGÉRATION : 20 MINUTES

- 500 g de fraises
- 40 cl de crème liquide entière bien froide (ou au moins avec 35 % de MG car allégée, la chantilly sera ratée !)
- 4 cuillerées à soupe de sucre glace
- Extrait de vanille

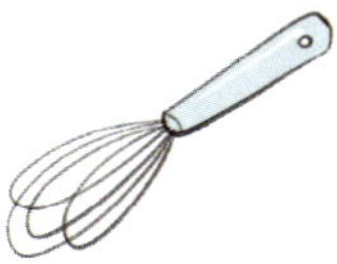

C'est tellement simple parfois de leur faire plaisir !

Placez un saladier (de préférence haut et en inox), les batteurs et la crème fraîche au congélateur pendant 20 minutes (le secret d'une chantilly bien prise !).

Pendant ce temps, lavez et équeutez les fraises.

Montez la chantilly dans le saladier froid avec un batteur électrique (vitesse moyenne), en tournant bien pour incorporer de l'air dans la crème. Au bout d'une minute, ajoutez le sucre glace et quelques gouttes d'extrait de vanille et continuez à fouetter (environ 5 minutes au batteur et 10 au fouet à la main) en augmentant la vitesse, jusqu'à obtenir une crème bien ferme (une pointe se forme dès que vous ressortez le fouet, elle devient mate et ne doit pas tomber si vous retournez le récipient).

Servez bien frais.

Le petit +

Pour aider la prise et la tenue de la chantilly, vous pouvez ajouter un sachet de fixe chantilly au moment où vous incorporez le sucre.
S'il fait chaud dans votre cuisine, posez le saladier dans lequel vous montez la chantilly dans un grand récipient contenant un fond d'eau froide et des glaçons (comme un bain-marie glacé).

Dîner

Carrot cake salé

PRÉPARATION : 8 MINUTES • CUISSON : 40 MINUTES

- 3 œufs
- 150 g de farine
- 1 sachet de levure
- 1 yaourt nature
- 3 cuillerées à soupe d'huile d'olive
- 100 g de comté râpé
- 100 g de chorizo
- 3 carottes
- Noix de muscade ou cumin en poudre
- ½ citron

Préchauffez votre four à 180 °C.

Épluchez et râpez les carottes.

Dans un saladier, mélangez la farine et la levure. Creusez un puits pour incorporer les œufs, le yaourt, l'huile, 2 cuillerées de jus de citron et 2 pincées de muscade ou de cumin. Salez, poivrez et mélangez bien.

Ajoutez le fromage râpé puis le chorizo en petits morceaux et enfin les carottes.

Versez la préparation dans un moule à cake beurré.

Enfournez pour 40 minutes. Le cake est cuit lorsque le couteau ressort propre.

Laissez refroidir avant de démouler.

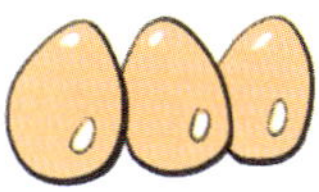

Dessert

4 yaourts

Mardi

Déjeuner

Salade bio complète

Préparation : 5 minutes • Cuisson : 8 minutes

- 150 g de boulgour
- 100 g de quinoa
- 4 carottes
- 2 pommes
- 1 poignée de raisins secs
- 2 poignées de graines germées (alfalfa, radis)
- 30 g de graines de courges, de lin ou de tournesol (idéalement un mélange)
- 40 g de noix de cajou

Rincez le boulgour et le quinoa et placez-les dans une grande casserole d'eau. Portez à ébullition et faites cuire 8 minutes. Hors du feu, laissez gonfler 5 minutes puis égouttez bien.

Pendant ce temps, râpez les carottes et les pommes et faites tremper les raisins secs dans de l'eau tiède.

Mélangez le boulgour et le quinoa avec les carottes, les pommes, les raisins égouttés, les graines germées, les graines et les noix de cajou.

Assaisonnez cette salade avec une vinaigrette d'huile de colza et de vinaigre de cidre. Salez et poivrez.

Mélangez et c'est prêt !

Le petit +

Remplacez les raisins par des cranberries séchées et le sel par du gomasio.

Dessert

Gâteau à la rhubarbe

PRÉPARATION : 5 MINUTES • CUISSON : 45 MINUTES

- 4 tiges de rhubarbe
- 170 g de farine
- 150 g de sucre
- 150 g de beurre
- 2 œufs
- 1 sachet de sucre vanillé
- 1 sachet de levure

Préchauffez votre four à 180 °C.

Mélangez la farine, le sucre et les œufs. Ajoutez le beurre fondu, la levure puis la rhubarbe coupée en petits tronçons.

Versez dans un moule beurré et enfournez pour 45 minutes.

Servez froid.

Version express : utilisez de la rhubarbe en morceaux surgelée, décongelée et égouttée.

Dîner

Tagliatelles aux courgettes grillées

PRÉPARATION : 5 MINUTES • CUISSON :10 MINUTES

- 400 g de tagliatelles
- 3 courgettes
- 1 oignon
- 1 gousse d'ail
- 70 g de parmesan râpé
- 3 cuillerées à soupe de crème de soja pour la cuisine

Cuisez les tagliatelles *al dente*.

Pendant ce temps, dans un robot, râpez les courgettes lavées mais non épluchées avec l'oignon et faites-les revenir une petite dizaine de minutes à feu vif dans une sauteuse avec un filet d'huile et de l'ail pressé.

Ajoutez les pâtes cuites et bien égouttées dans la sauteuse et un filet de crème.

Salez, poivrez puis servir avec du parmesan râpé.

Le petit +

Ajoutez quelques tomates confites en lanières.

Dessert

Kiwi à la coque

PRÉPARATION : 3 MINUTES

* 4 kiwis
* 1 yaourt
* 15 g de sucre

Pour faire le plein de vitamines sans en avoir l'air…

Coupez les chapeaux des kiwis comme des œufs à la coque.

Évidez les kiwis en gardant des parois épaisses.

Mélangez la chair des kiwis, le yaourt et le sucre et farcissez les kiwis de ce mélange.

Servez dans des coquetiers !

Mercredi

Déjeuner

Papillote de poulet rapide

PRÉPARATION : 5 MINUTES • CUISSON : 10 MINUTES

* 4 escalopes de poulet
* 2 tomates
* 15 cl de crème de soja pour la cuisine
* Estragon frais
* Gomasio
* 250 g de riz

Coupez les tomates en petits dés et les escalopes en lamelles. Découpez quatre grands carrés de papier sulfurisé. Répartissez le poulet sur les carrés. Saupoudrez du gomasio et du poivre puis ajoutez les tomates. Versez la crème liquide dessus puis parsemez d'estragon ciselé.

Fermez hermétiquement les papillotes.

Enfournez pour 10 minutes au micro-ondes. Si vous n'utilisez pas de four à micro-ondes, laissez cuire au four 25 minutes à 200 °C.

Faites cuire le riz pendant ce temps.

•••/•••

Le petit +

Pour changer, remplacez la crème par une marinade au citron et au miel dans laquelle vous placerez les lamelles de poulet pendant environ 15 minutes avant la cuisson.

Dessert

Salade de fruits rouges

PRÉPARATION : 5 MINUTES

- 250 g de fraises
- 250 g de cerises
- 1 banane
- ½ citron
- 1 cuillerée à soupe de sirop de cassis
- Quelques feuilles de menthe fraîche

Coupez la banane en rondelles.

Équeutez les fraises et les cerises puis coupez-les en deux.

Mélangez les fruits et ajoutez le sirop, le jus du citron et la menthe ciselée.

Réservez au frais.

Dîner

Croque au chèvre et au bacon

PRÉPARATION : 5 MINUTES • CUISSON : 10 MINUTES

- 8 tranches de pain de mie
- 100 g de crème fraîche épaisse
- 1 bûche de chèvre frais
- 4 tranches de bacon fumé
- Beurre salé
- 1 laitue

Préchauffez votre four à 180 °C.

Tartinez les tranches de pain avec la crème fraîche.

Sur 4 tranches disposez une tranche de bacon puis quelques rondelles de chèvre. Poivrez.

Recouvrez chaque croque-monsieur avec une tranche de pain, de façon à ce que la crème fraîche soit en dessous. Beurrez le dessus des croque-monsieur puis enfournez pour une dizaine de minutes ou faites-les cuire dans une poêle huilée.

Pendant ce temps, lavez et assaisonnez la laitue.

Pour varier, ajoutez une rondelle de tomate dans chaque croque-monsieur.

Dessert

Panacotta au coulis d'abricot

PRÉPARATION : 5 MINUTES • CUISSON : 1 MINUTE • TEMPS DE RÉFRIGÉRATION : 1 HEURE

- 50 cl de crème liquide
- 50 g de sucre
- 1 cuillerée à café d'extrait de vanille
- 1 g d'agar-agar
- Confiture d'abricot

Mélangez la crème, le sucre et la vanille (ou une gousse de vanille grattée) et l'agar-agar dilué dans une cuillerée d'eau. Portez à ébullition et laissez cuire une minute sans cesser de remuer à l'aide d'un fouet.

Versez dans 4 ramequins ou verrines, laissez refroidir à température ambiante puis mettez au réfrigérateur au moins 1 heure.

Faites chauffer 4 cuillerées à soupe de confiture avec un peu d'eau, versez sur la panacotta juste avant de servir.

Le petit +

Remplacez la confiture par 6 abricots coupés en 2, saupoudrés de sucre et rôtis 15 minutes au four à 180 °C.

Jeudi

Déjeuner

Risotto aux asperges

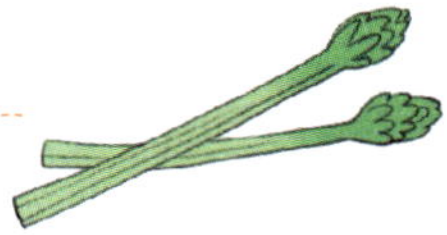

PRÉPARATION : 5 MINUTES • CUISSON : 15 MINUTES

* 350 g de riz (spécial risotto)
* 500 g d'asperges vertes
* 1 gros oignon
* 15 cl de vin blanc sec
* ½ cube de bouillon de légumes
* 80 g de parmesan râpé
* 40 g de beurre

Coupez les asperges en tronçons et placez-les dans un plat avec un fond d'eau. Recouvrez d'un film et cuisez 7 minutes au micro-ondes.

Pendant ce temps, faites bouillir 1 litre d'eau avec le demi-cube de bouillon puis laissez mijoter doucement.

Dans une cocotte-minute, faites revenir l'oignon émincé dans de l'huile d'olive puis ajoutez le riz et faites-le rissoler doucement jusqu'à ce qu'il soit translucide. Versez le vin puis tout le bouillon et refermez la cocotte.

Portez à ébullition et laissez cuire 7 minutes à partir du sifflement. En fin de cuisson, ajoutez le beurre, salez si besoin et poivrez.

Incorporez les asperges très délicatement.

Ajoutez le parmesan et servez aussitôt.

Le petit +

Un peu de crème rendra ce plat plus onctueux !
La cuisson classique du risotto : faites revenir l'oignon émincé dans une poêle avec un peu d'huile. Lorsqu'il est doré, ajoutez le riz et faites-le rissoler pendant quelques secondes, jusqu'à ce qu'il devienne translucide. Versez le vin et attendez qu'il s'évapore. Ensuite, ajoutez progressivement le bouillon. Versez une louche, mélangez et attendez qu'il soit absorbé puis recommencez. Cela prend une petite vingtaine de minutes.

Dessert

4 yaourts

Dîner

Crumble d'épinards aux noix

Préparation : 8 minutes • Cuisson : 25 minutes

- 400 g de pousses d'épinards en branche surgelés
- 20 cl de crème de soja pour la cuisine
- 100 g de fromage frais ail et fines herbes
- 100 g de beurre demi-sel
- 150 g de cerneaux de noix
- 100 g de biscuits secs au beurre
- Muscade

Préchauffez votre four à 180 °C.

Décongelez et égouttez les épinards. Ajoutez le fromage frais émietté et la crème. Salez, poivrez.

Mixez les noix, les biscuits, une cuillerée à café de noix de muscade, et le beurre.

Dans un plat à gratin, étalez les épinards et émiettez le crumble par-dessus.

Enfournez pour 20 minutes.

Le petit +

C'est bien meilleur avec des épinards frais à cuire 2 minutes dans une poêle bien chaude avec un peu de beurre, du sel et du poivre, mais il faut avant cela les équeuter. Prévoyez une grosse botte d'épinards frais car cela réduit énormément !
Ajoutez également d'autres fruits secs à la pâte à crumble : pignons, amandes, etc.

Dessert

Mug cake au chocolat

Préparation : 5 minutes • Cuisson : 3 minutes

- 60 g de farine
- 30 g de sucre
- 50 g de chocolat à cuire
- 2 œufs
- 60 g de beurre
- ½ sachet de levure chimique
- 10 cl de lait

Mélangez les œufs, le beurre et le chocolat fondu. Ajoutez le sucre, la farine, la levure et le lait. Mélangez bien.

Répartissez la pâte dans 4 *mugs*.

Faites cuire séparément au micro-ondes environ 45 secondes.

Vendredi

Déjeuner

Truite aux amandes en papillote

Préparation : 3 minutes • Cuisson : 23 minutes

- 4 filets de truite
- 3 cuillerées à soupe de vin blanc sec
- 50 g d'amandes effilées
- 250 g de boulgour

Préchauffez votre four à 220 °C.

Déposez chaque filet dans une feuille d'aluminium préalablement huilée.

Sur chaque filet, ajoutez du vin blanc, une noisette de beurre et des amandes. Salez, poivrez puis refermez les papillotes.

Enfournez pour 15 minutes.

Pendant ce temps, faites cuire le boulgour 8 minutes dans une grande casserole d'eau. Égouttez et incorporez une noix de beurre et du sel.

Servez chaud.

Le petit +

Poêlez vos amandes à sec avant.

Dessert

Clafoutis de pommes gourmand

PRÉPARATION : 5 MINUTES • CUISSON : 30 MINUTES

* 50 g de farine
* 40 g d'amandes en poudre
* 60 g de sucre
* 2 œufs
* 40 cl de crème liquide
* 3 pommes
* 30 g d'amandes effilées

Préchauffez votre four à 180 °C.

Battez les œufs avec le sucre puis ajoutez la farine, la poudre d'amandes et la crème.

Coupez les pommes en lamelles puis déposez-les au fond d'un moule beurré et fariné.

Versez la préparation par-dessus puis couvrez d'amandes effilées

Enfournez pour 30 minutes.

Servez tiède ou froid.

Dîner

Tian de courgettes aux ravioles

PRÉPARATION : 5 MINUTES • CUISSON : 30 MINUTES

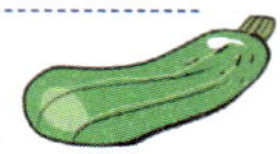

* 6 plaques de ravioles (aux herbes ou au fromage)
* 4 courgettes moyennes
* 100 g de fromage râpé
* 20 cl de crème liquide
* 30 cl de lait
* Muscade

Préchauffez votre four à 220 °C.

Découpez les courgettes en rondelles fines.

Dans un récipient, mélangez le lait, la crème, un peu de muscade râpée puis salez et poivrez.

Disposez dans le fond d'un plat à gratin la moitié des courgettes crues. Versez un tiers du mélange de crème.

Étalez ensuite les plaques de ravioles crues sans les détacher. Versez un tiers du mélange de crème.

Disposez par-dessus le reste de courgettes. Versez le reste du mélange de crème.

Recouvrez de fromage et enfournez pour 30 minutes. Couvrez en cours de cuisson si cela brunit trop.

Dessert

4 yaourts

Samedi

Déjeuner

Entrée

Œuf mimosa

PRÉPARATION : 5 MINUTES • CUISSON : 10 MINUTES

* 4 œufs
* 30 g de mayonnaise
* 4 brins de ciboulette (ou de persil)

Faites durcir les œufs 10 minutes dans l'eau bouillante puis passez-les sous l'eau froide.

Après les avoir écalés, coupez-les dans le sens de la longueur.

Émiettez les jaunes à la fourchette ou mieux au tamis.

Dans un récipient, mélangez 2/3 des jaunes avec la mayonnaise et la ciboulette finement ciselée.

Remplissez les blancs avec cette préparation, puis saupoudrez par-dessus le jaune émietté restant. C'est beau comme le mimosa !

Servez bien frais.

Le petit +

Pour un œuf mimosa plus léger, remplacez la mayonnaise par un mélange de moutarde et de fromage blanc. Sinon, faites une mayonnaise maison (retrouvez la recette page 18).

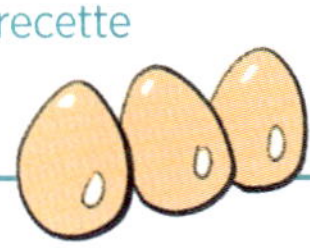

Plat

Galette chèvre et miel

PRÉPARATION : 3 MINUTES • CUISSON : 4 MINUTES

- 4 galettes de sarrasin
- 1 salade feuille de chêne
- 1 bûche de chèvre
- Une quinzaine de cerneaux de noix
- Miel
- Huile de noix

Préparez une vinaigrette : 1 touche de moutarde, 2 cuillerées d'huile de noix, du sel et du poivre. Assaisonnez la salade.

Découpez le chèvre en rondelles.

Réchauffez les galettes dans une poêle.

Hors du feu, garnissez chaque galette avec la salade, le chèvre, quelques noix et un filet de miel.

Servez aussitôt.

Le petit +

Faites vous-même vos 4 galettes : dans un robot, mixez 130 g de farine de sarrasin, 1 œuf (facultatif), 25 cl d'eau et 25 g de beurre salé puis laissez reposer 30 minutes à température ambiante. Faites cuire les galettes dans une crêpière huilée.

Dessert

Fromage blanc fouetté au Salidou

PRÉPARATION : 3 MINUTES

- 400 g de fromage blanc
- 60 g de Salidou (caramel au beurre salé)

Fouettez le fromage blanc, répartissez-le dans 4 ramequins et réservez-le au frais.

Au moment de servir versez le Salidou tiédi dessus.

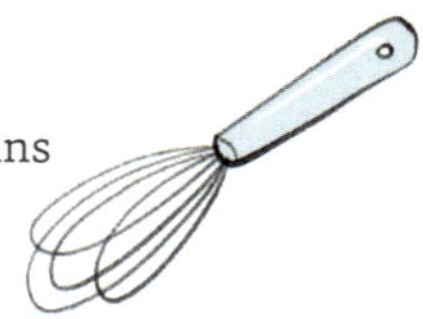

Le petit +

Pour un Salidou maison, retrouvez la recette page 18.

Dîner

Gratin de chou-fleur express

Préparation : 5 minutes • Cuisson : 28 minutes

- 1 kg de chou-fleur surgelé en fleurettes
- 50 cl litre de lait
- 40 g de beurre
- 40 g de farine
- 8 tranches fines de bacon fumé
- 150 g de gruyère râpé
- Noix de muscade

Préchauffez votre four à 200 °C.

Faites cuire le chou-fleur 10 minutes au micro-ondes dans un récipient fermé ou recouvert de film alimentaire.

Pendant ce temps, faites une béchamel express : incorporez le lait tiède petit à petit à la farine puis ajoutez le beurre fondu. Mélangez bien. Salez, poivrez et ajoutez de la noix de muscade.

Enfournez au micro-ondes pour 2 minutes 30. Mélangez. Si la béchamel n'est pas prise, rallongez la cuisson par tranches d'une minute. Ajoutez la moitié du fromage râpé, mélangez.

Nappez le fond d'un plat à gratin de béchamel. Disposez le chou-fleur bien égoutté par-dessus puis recouvrez de lardons et du reste de béchamel et enfin parsemez de fromage râpé.

Enfournez pour 15 minutes.

Le petit +

Pour préparer une béchamel classique, retrouvez la recette page 19. Si vous achetez du chou-fleur frais, c'est plus long : enlevez les feuilles vertes, séparez les bouquets, passez-les dans de l'eau vinaigrée avant de les cuire.

Dessert

Mousse de citron

Préparation : 5 minutes

- 250 g de mascarpone
- 2 citrons
- 2 œufs
- 80 g de sucre

Fouettez les jaunes d'œufs et le sucre, ajoutez le mascarpone et le jus d'un citron et demi.

Battez les blancs en neige puis incorporez-les délicatement. Vous pouvez ajouter le zeste d'un citron.

Versez dans 4 ramequins et réservez au frais.

Dimanche

Déjeuner

Entrée

Asperges vinaigrette

PRÉPARATION : 2 MINUTES • CUISSON : 7 MINUTES

* 800 g d'asperges

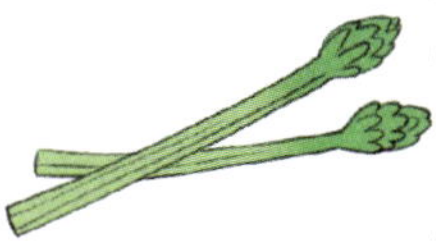

Les asperges vertes (plus fermes mais plus goûteuses) se lavent simplement à l'eau claire.

Pour les blanches (plus tendres), il faut éplucher les tiges du bas de la pointe vers la racine.

Coupez les pieds des asperges sur environ 2 cm puis placez les asperges dans un plat avec un fond d'eau. Recouvrez d'un film puis cuisez-les au four à micro-ondes 7 minutes.

Pendant ce temps, préparez une vinaigrette (1 cuillerée de vinaigre de cidre, du sel, du poivre et 2 cuillerées d'huile d'olive).

Versez la vinaigrette sur les asperges tièdes et servez aussitôt.

Le petit +

Vous pouvez également proposer les asperges avec une mayonnaise (retrouvez la recette page 18).

Plat

Rôti de veau aux pommes de terre nouvelles

PRÉPARATION : 5 MINUTES • CUISSON : 45 MINUTES

- 800 g de rôti de veau
- 1 botte de petits oignons nouveaux
- 800 g de petites pommes de terre (grenailles)
- Herbes de Provence
- Ail semoule

Préchauffez votre four à 170 °C.

Placez le rôti dans un plat à four une demi-heure avant le début de la cuisson, à température ambiante.

Disposez autour les oignons entiers épluchés et les pommes de terre avec la peau, lavées et coupées en deux dans la hauteur.

Saupoudrez des herbes de Provence, de l'ail, du sel, du poivre et versez un bon filet d'huile d'olive.

Enfournez pour 45 minutes.

Arrosez régulièrement, ajoutez un peu d'eau bouillante si besoin et retournez le rôti à mi-cuisson.

Une fois cuit, avant de le découper, laissez le rôti reposer au moins dix minutes, couvert d'une feuille d'aluminium pour que la viande soit plus tendre.

Le petit +

Faites 8 entailles dans le rôti cru (comme des tranches) et insérez 8 tranches de bacon et 8 tranches d'emmenthal puis ficelez-le.

Dessert

Sablés aux fraises

Préparation : 10 minutes • Cuisson : 5 minutes

- 250 g de petits sablés (d'Asnelles, ce sont les meilleurs !)
- 80 g de beurre
- 500 g de fraises
- 30 g de farine
- 30 cl de lait
- 2 jaunes d'œufs
- 50 g de sucre
- 1 sachet de sucre vanillé

Mixez les sablés avec le beurre fondu. Étalez au fond d'un plat à tarte en tassant bien, puis placez au frais.

Pendant ce temps, préparez la crème pâtissière. Délayez la farine dans un peu de lait puis incorporez les jaunes, le sucre et le reste du lait. Mélangez bien puis recouvrez le plat avec un film alimentaire et passez au micro-ondes 2 minutes 30. Mélangez et remettez à nouveau au micro-ondes 2 minutes 30.

Mélangez et laissez refroidir 5 minutes. La crème va épaissir en refroidissant.

Pendant ce temps, rincez et équeutez les fraises.

Sur la pâte sablée, étalez la crème pâtissière puis disposez les fraises.

Le petit +

Délayez à feu doux 2 cuillerées de gelée de fruits rouges avec 1 cuillerée d'eau puis nappez la tarte.
La préparation classique de la crème pâtissière : au fouet électrique, battez les jaunes avec le sucre, ajoutez la farine puis le lait bouillant, sans cesser de fouetter. Faites chauffer à feu moyen en remuant doucement, jusqu'à épaississement. Versez dans un récipient froid et laissez refroidir.

Dîner

Soupe de fèves

Préparation : 5 minutes • Cuisson : 12 minutes

- 450 g de fèves pelées surgelées
- ½ cube de bouillon de volaille
- 2 échalotes
- Ail semoule
- 10 cl de crème de soja pour la cuisine
- 200 g de roquefort
- 4 tranches de pain de campagne

Dans une casserole, faites fondre les échalotes hachées dans un peu d'huile d'olive.

Ajoutez les fèves et le morceau de cube de bouillon dilué dans ½ litre d'eau. Portez à ébullition puis laissez cuire 10 minutes à feu moyen.

Mixez avec la crème de soja, du poivre et un peu d'ail.

Servez accompagnée de roquefort et de pain de campagne.

Le petit +

Mélangez 80 g de mascarpone avec de la ciboulette ciselée. Déposez-en une cuillerée dans chaque bol de soupe au moment de servir.
Pour varier, vous pouvez également remplacer la moitié des fèves par 450 g de petit pois surgelés.

Dessert

Crêpes au pamplemousse

Préparation : 5 minutes • Cuisson : 5 minutes

- 2 pamplemousses
- 125 g de farine
- 60 g de sucre
- 1 œuf
- 25 cl de lait
- Huile de tournesol
- Rhum ou bière

Préparez la pâte à crêpes : versez la farine dans une terrine, faites un creux puis cassez l'œuf dedans, ajoutez une demi-cuillerée d'huile de tournesol, une cuillerée à café de rhum ou une lampée de bière et une pincée de sel. Mélangez avec une cuillère en bois en commençant au centre. Laissez reposer.

Pendant ce temps, portez à ébullition le jus d'un pamplemousse avec le sucre et faites réduire de moitié. Pelez l'autre pamplemousse à vif et détaillez-le en quartiers.

Faites cuire 8 crêpes puis garnissez-les de quartiers de pamplemousse puis nappez de coulis. Servez tiède.

Le petit +

Ajoutez des zestes de pamplemousse à la cuisson du coulis pour les confire.

Votre liste de courses pour la Semaine 2 du printemps

Légumes

- 2 tomates
- 900 g de carottes
- 7 courgettes
- 1,3 kg d'asperges vertes
- 1 kg de pommes de terre
- 800 g de pommes de terre grenaille
- 1 laitue
- 1 salade feuille de chêne
- 2 oignons
- 1 botte d'oignons nouveaux
- 1 gousse d'ail
- 2 échalotes
- 1 sachet de graines germées
- Quelques feuilles de menthe
- Quelques brins de ciboulette
- Quelques feuilles d'estragon

Fruits

- 250 g de cerises
- 1,3 kg de fraises
- 2 + 3 pommes
- 400 g (4 tiges) de rhubarbe
- 1 banane
- 4 kiwis
- 2 pamplemousses
- ½ + 2,5 citrons
- 250 g de cerneaux de noix
- 50 g + 30 g d'amandes effilées
- 40 g de raisins secs
- 40 g de noix de cajou

Crémerie/Frais

- 130 g + 290 g de beurre
- 100 g de beurre demi-sel
- 80 cl + 65 cl de lait
- 20 cl de lait entier
- 90 cl de crème liquide entière
- 20 cl + 40 cl de crème liquide légère
- 100 g de crème épaisse
- 50 cl de crème de soja cuisine
- 400 g de fromage blanc
- 1 + 13 yaourts
- 8 + 11 œufs
- 6 plaques de ravioles
- 4 galettes de sarrasin
- 30 g de mayonnaise
- 100 g de comté râpé
- 250 g de gruyère râpé
- 150 g de parmesan râpé
- 200 g de roquefort
- 100 g de fromage frais ail & herbes
- 2 bûches de chèvre
- 250 g de mascarpone

En rose sont indiquées les quantités qui concernent les desserts.

Votre liste de courses pour la Semaine 2 du printemps

Surgelé

- **450 g** de fèves crues pelées
- **1 kg** de fleurettes de chou-fleur
- **400 g** de pousses d'épinards

Charcuterie

- **100 g** de chorizo
- **12 tranches** fines de bacon fumé

Épicerie

- **250 g** de riz
- **350 g** de riz spécial risotto
- **400 g** de boulgour
- **100 g** de quinoa
- **400 g** de tagliatelles
- **60 g** de chapelure
- **30 g** de graines (courge, lin…)
- **1** cube de bouillon de légumes
- **190 g** + **435 g** de farine
- **1 g** d'agar-agar
- **1** + **1,5 sachets** de levure chimique
- **495 g** de sucre roux (fin)
- **50 g** de sucre glace
- **2 sachets** de sucre vanillé
- **2 cl** d'extrait de vanille
- **50 g** de chocolat à cuire
- **60 g** de caramel Salidou
- **40 g** de poudre d'amandes
- **2 cl** de sirop de cassis
- **60 g** de confiture d'abricots
- **8 tranches** de pain de mie
- **8 tranches** de pain ou brioche rassis
- **100 g** de biscuits secs au beurre
- **250 g** de sablés au beurre
- **30 g** de gomasio
- **20 cl** de vin blanc sec

Poissonnerie

- **4** pavés de lieu noir
- **4** filets de truite

Boucherie

- **4** escalopes de poulet
- **800 g** de rôti de veau

Et n'oubliez pas de compléter votre fonds de maison (voir page 13) si nécessaire…

UN MENU
pour recevoir au printemps

Entrée

Salade fraîche d'Italie

PRÉPARATION : 3 MINUTES • CUISSON : 7 MINUTES

* 400 g d'asperges vertes
* 1 salade de roquette
* 200 g de tomates confites
* Copeaux de parmesan

Coupez les asperges en tronçons et placez-les dans un plat avec un fond d'eau. Recouvrez d'un film puis cuisez-les au four à micro-ondes 7 minutes. Laissez refroidir.

Détaillez les tomates confites en lanières.

Dans un saladier, mettez la roquette, les tomates, les asperges et le parmesan et assaisonnez d'une vinaigrette au balsamique.

Plat

Filet mignon en croûte

PRÉPARATION : 10 MINUTES • CUISSON : 45 MINUTES

* 1 filet mignon d'environ 700 g
* 1 kg de haricots verts frais
* 1 pâte feuilletée au beurre
* 10 tranches fines de lard
* Moutarde

Préchauffez votre four à 180 °C.

Badigeonnez le filet mignon de moutarde, recouvrez-le de lard puis enroulez-le dans la pâte feuilletée. Scellez les bords et badigeonnez la pâte d'un mélange de jaune d'œuf et de lait. Dessinez des décorations sur la pâte.

Enfournez pour 30 minutes. Pendant ce temps, faites cuire les haricots verts *al dente*.

C'est délicieux réchauffé. Vous pouvez donc le préparer la veille !

Si vous souhaitez accompagner d'un peu de sauce, versez de la crème dans le plat très chaud avec quelques champignons en boîte.

Dessert

Délice de mousse aux fraises (voir page 40)

Été

Mon marché d'été

Fruits : figue, melon, fraise, framboise, mirabelle, prune, pêche, nectarine, brugnon, abricot, cassis, cerise, groseille, mûre, myrtille, pastèque, raisin, poire, pomme.

Légumes : aubergine, poivron, tomate, concombre, courgette, fenouil, blette, brocoli, carotte, cornichon, fève, haricot (vert, blanc, coco paimpolais, lingot, mogette), artichaut, radis rose, pomme de terre (primeur puis de conservation), céleri branche, petits pois, maïs, poireau, salsifis, betterave, chou, chou de Bruxelles, chou-fleur, courge, épinard.

Salades : laitue, chicorée, frisée, romaine, batavia, roquette.

Aromates : ail (frais), échalote, oignon, herbes fraîches (persil, menthe, estragon, basilic).

Champignons : girolle, cèpe, bolet, rosé des prés, chanterelle.

Viandes : pintade, canard, poulet, mouton, bœuf, lapin.

Poissons : sardine, maquereau sauvage, crevette, colin sauvage (lieu noir), thon blanc, tourteau, étrille, mulet, perche, brème. Et toute l'année : mulet, capelan, picarel, oblade, lieu noir, tacaud, truite d'élevage, haddock.

Fromages : reblochon, pont-l'évêque, saint-nectaire, tomme de Savoie, bleu d'Auvergne, mozzarella, chèvre.

ÉTÉ

Semaine 1

Menus	Déjeuners	Dîners
Lundi		
Plats	Terrine de saumon trop facile	Tourte d'été
Desserts	Pastèque	Faisselle au miel
Mardi		
Plats	Taboulé très rapide	Gnocchi au pesto de tomate
Desserts	Yaourt	Soupe glacée aux cerises
Mercredi		
Plats	Courgette farcie	Galette de céréales aux courgettes
Desserts	Salade de pêches et de melon	Crème vanille-fraise
Jeudi		
Plats	Ciabatta à la grecque	Œuf cocotte ricotta-épinards
Desserts	Yaourt	Feuilleté aux pêches
Vendredi		
Plats	Tartare de poisson au citron vert	Cake aux courgettes
Desserts	Crumble de mirabelles	Yaourt
Samedi		
Entrées	Melon	
Plats	Salade de pâtes sicilienne	Pizza au pesto
Desserts	Fromage blanc au coulis d'abricot	Glace aux framboises express
Dimanche		
Entrées	Tzatziki	
Plats	Poulet rôti et pommes au four	Gaspacho et tuiles de parmesan
Desserts	Tiramisu aux framboises	Pêche au chocolat

Lundi

Déjeuner

Terrine de saumon trop facile

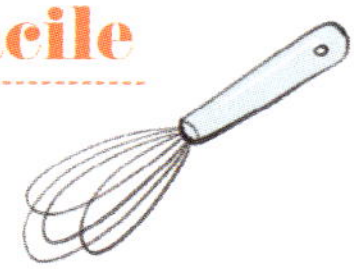

Préparation : 3 minutes • Cuisson : 3 minutes •
Temps de réfrigération : 3 heures

- 250 g de saumon rose en conserve sans arête et sans peau
- ½ sachet de gélatine au madère
- 250 g de mayonnaise
- Quelques feuilles d'estragon frais
- 1 mesclun de salade
- 8 blinis

À faire la veille !

Préparez la gélatine : faites chauffer (sans bouillir) 25 cl d'eau. Hors du feu, versez un demi-sachet de gélatine en poudre. Mélangez bien au fouet. Laissez refroidir un peu.

Mixez brièvement le saumon, la mayonnaise, l'estragon et la gélatine (pas trop longtemps pour que ce ne soit pas trop lisse), versez dans un moule à cake puis laissez reposer 3 heures au réfrigérateur.

Démoulez avant de servir avec une salade de jeunes pousses et des blinis tièdes.

Le petit +

Faites une mayonnaise maison (retrouvez la recette page 18).

Dessert

½ pastèque

Dîner

Tourte d'été

PRÉPARATION : 5 MINUTES • CUISSON : 25 MINUTES

* 500 g de piperade en conserve (ou 250 g de tomates pelées et 250 g de poivrons marinés)
* 2 pâtes feuilletées
* 6 tranches fines de comté
* 1 salade batavia
* Copeaux de parmesan

Préchauffez votre four à 200 °C.

Disposez une pâte dans un plat à tarte.

Versez la piperade égouttée puis recouvrez avec les tranches de fromage.

Placez l'autre pâte à tarte par-dessus et rentrez bien les bords.

Faites un petit trou au centre.

Badigeonnez de lait.

Enfournez pour 25 minutes.

Servez tiède ou froide, accompagnée d'une salade avec quelques copeaux de parmesan.

Dessert

Faisselle au miel

PRÉPARATION : 2 MINUTES

* 400 g de faisselle
* Miel

Versez la faisselle dans 4 ramequins puis nappez de miel.

Le petit +

Pour parfumer subtilement ce dessert, ajoutez un filet d'huile d'olive comme en Grèce. Surprenant !

Mardi

Déjeuner

Taboulé très rapide

Préparation : 5 minutes • Temps de réfrigération : 30 minutes

* 300 g de semoule
* 4 tomates
* 1 concombre
* 1 oignon
* 1 poignée de feuilles de menthe
* 1 poignée de persil
* 1 citron
* 40 g de raisins secs
* 4 tranches de jambon blanc

Épluchez le concombre. Dans un robot mettez le concombre en tronçons, l'oignon en quarts, les tomates coupées en 2, les feuilles de menthe, de persil et le jus de citron puis mixez grossièrement.

Versez dans un saladier et ajoutez 3 cuillerées à soupe d'huile d'olive, du sel, du poivre et les raisins secs.

Mélangez à la semoule crue puis laissez reposer 30 minutes au frais.

Servez accompagné de jambon blanc.

Dessert

4 yaourts

Dîner

Gnocchi au pesto de tomate

Préparation : 3 minutes • Cuisson : 3 minutes

* 1 kg de gnocchi
* 400 g de tomates pelées
* Quelques feuilles de basilic
* 1 gousse d'ail

Mixez les tomates, le basilic, les pignons, l'ail pressé, l'huile, le vinaigre, le sucre et le parmesan. Salez, poivrez.

Plongez les gnocchi dans l'eau bouillante salée, dès qu'ils remontent à la surface ils sont cuits.

•••/•••

- 1 pincée de sucre en poudre
- 50 g de parmesan râpé
- 50 g de pignons de pin

Versez la sauce sur les gnocchi égouttés. Servez immédiatement.

Le petit +

Encore meilleur avec des tomates fraîches. Plongez 6 tomates pendant 30 secondes dans l'eau bouillante pour les peler facilement, puis faites-les cuire à feu doux dans une sauteuse avec 1 verre d'eau.
Et, s'il vous prenait l'envie de faire vos gnocchi maison : faites cuire 1 kg de pomme de terre. Écrasez-les avec 50 g de beurre, 1 œuf, 400 g de farine et du sel. Avec la pâte obtenue, formez 4 rouleaux et découpez-les en tronçons de 1 cm. Puis, écrasez-les légèrement à la fourchette au creux de votre main pour leur donner une forme de gnocchi.

Dessert

Soupe glacée aux cerises

PRÉPARATION : 5 MINUTES • CUISSON : 10 MINUTES •
TEMPS DE RÉFRIGÉRATION : 30 MINUTES

- 800 g de cerises
- 60 g de sucre
- 1 cuillerée à soupe de kirsch
- Quelques feuilles de menthe

Portez à ébullition le sucre et le kirsch dans 25 cl d'eau.

Laissez cuire 10 minutes. Pendant ce temps, dénoyautez les cerises.

Mixez les cerises et le sirop. Ajoutez les feuilles de menthe ciselées.

Servez bien frais.

Le petit +

Au moment de servir, ajoutez 1 cuillerée à soupe de crème fraîche ou une boule de glace à la vanille au fond de la coupe.

Mercredi

Déjeuner

Courgette farcie

Préparation : 5 minutes • Cuisson : 40 minutes

- 4 courgettes rondes
- 4 pommes de terre
- 400 g de farce

Préchauffez votre four à 210 °C.

Salez et poivrez la farce.

Coupez les chapeaux des courgettes, évidez-les, farcissez-les et remettez les chapeaux en place.

Placez les pommes de terre coupées en deux et les courgettes farcies dans un plat.

Enfournez pour 40 minutes. Couvrez si besoin en cours de cuisson pour que cela ne brûle pas.

Le petit +

Pour une farce pas trop grasse : faites tremper 2 tranches de pain de mie dans du lait. Mixez 10 tranches de jambon blanc avec un peu d'ail, 2 oignons et du persil. Mélangez avec 200 g de viande hachée de bœuf et le pain. Salez et poivrez.

Dessert

Salade de pêches et de melon

Préparation : 5 minutes • Temps de réfrigération : 30 minutes

- 4 pêches blanches
- 1 melon
- 1 cuillerée à soupe de sirop de pêche (ou d'eau-de-vie)
- Quelques feuilles de menthe fraîche

Pelez les pêches et coupez-les en quartiers.

Coupez le melon en deux, enlevez les pépins puis creusez des billes dans la chair.

Mélangez les fruits puis ajoutez le sirop dilué avec 1 cuillerée à soupe d'eau (ou d'eau-de-vie) et la menthe ciselée.

Réservez au frais.

Dîner

Galette de céréales aux courgettes

Préparation : 8 minutes • Cuisson : 6 minutes

- 200 g de petits flocons d'avoine
- 2 petites courgettes
- 15 g de beurre
- 15 g de Maïzena®
- 1 œuf
- Cumin
- 4 tomates
- Basilic

Épluchez les courgettes et râpez-les.

Mouillez légèrement les flocons avec un peu d'eau pour les faire gonfler.

Ajoutez le beurre fondu, la Maïzena® diluée dans quelques gouttes d'eau, les courgettes râpées et l'œuf. Salez, poivrez, ajoutez une pointe de cumin et mélangez bien.

Formez 4 galettes d'environ 1 cm d'épaisseur. Si elles ne se tiennent pas bien versez 4 tas dans la poêle et aplatissez-les. Saisissez-les dans un peu d'huile puis laissez cuire à feu moyen 3 minutes de chaque côté.

Servez les galettes de céréales chaudes ou froides avec une salade de tomates au basilic.

Le petit +

Variez les céréales (millet, maïs ou quinoa par exemple). Vous pouvez remplacer l'œuf par 1 cuillerée de fromage blanc.

Dessert

Crème vanille-fraise

Préparation : 3 minutes • Cuisson : 5 minutes

- 50 cl de lait entier
- 1,5 cuillerée à soupe de Maïzena®
- 1 gousse de vanille
- 1 œuf
- 1 sachet de sucre vanillé
- 20 cl de coulis de fraises

Mélangez le lait, la Maïzena®, l'œuf et le sucre vanillé avec un fouet. Ajoutez la gousse ouverte dans la longueur.

Portez à ébullition puis laissez 5 minutes à feu doux. Ôtez la gousse de vanille.

Versez un peu de coulis de fraise dans 4 ramequins individuels puis ajoutez la crème tiède. Laissez refroidir puis placez au réfrigérateur.

Jeudi

Déjeuner

Ciabatta à la grecque

PRÉPARATION : 5 MINUTES

* 4 petits pains ciabatta ou pitta
* 2 tomates
* ½ concombre
* 1 oignon
* 150 g de feta
* ½ citron
* 50 g d'olives noires dénoyautées

Découpez les tomates et les concombres épluchés en dés.

Ajoutez les olives, l'oignon émincé et la feta coupée en dés.

Assaisonnez avec le jus de citron, 2 cuillerées d'huile, du sel et du poivre.

Garnissez les petits pains.

Le petit +

Vous pouvez ajouter un peu de thon en conserve émietté.

Dessert

4 yaourts

Dîner

Œuf cocotte ricotta-épinards

PRÉPARATION : 5 MINUTES • CUISSON : 5 MINUTES

- 4 œufs
- 400 g de pousses d'épinards frais
- 20 cl de crème liquide
- 80 g de ricotta
- 50 g de pignons de pin
- Noix de muscade
- 4 tranches de pain de campagne

Poêlez 2 minutes les épinards équeutés dans l'huile. Égouttez bien puis ajoutez la ricotta, la moitié de la crème et les pignons de pin. Salez, poivrez et ajoutez une pointe de noix de muscade.

Versez dans 4 ramequins et creusez légèrement.

Cassez un œuf dans chaque ramequin, percez le jaune, salez et poivrez. Versez le reste de crème fraîche.

Couvrez les ramequins de film alimentaire et cuisez au four à micro-ondes pendant 45 secondes. Si c'est insuffisant, recommencez par tranches de 20 secondes. Servez immédiatement accompagné de mouillettes.

Le petit +

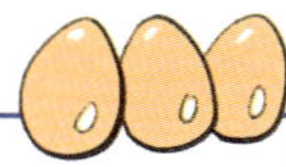

Saupoudrez de parmesan râpé et de quelques pignons de pin. La cuisson traditionnelle se fait au bain-marie pendant 8 minutes. Pour cela, il faut préchauffer le four à 210 °C avec un plat rempli d'eau.

Dessert

Feuilleté aux pêches

PRÉPARATION : 5 MINUTES • CUISSON : 25 MINUTES

- 1 pâte feuilletée
- 4 pêches
- 10 g de sucre en poudre
- 60 g de purée d'amande sucrée

Préchauffez votre four à 210 °C.

Étalez la pâte sur une plaque recouverte de papier sulfurisé puis découpez la pâte en 4.

Sur chaque feuilleté, étalez une cuillerée à soupe de purée d'amande et des lamelles de pêches. Saupoudrez un peu de sucre.

Rabattez les angles de la pâte vers le centre pour refermer les feuilletés. Badigeonnez de lait et enfournez pour 25 minutes.

Vendredi

Déjeuner

Tartare de poisson au citron vert

PRÉPARATION : 10 MINUTES • CUISSON : 15 MINUTES • TEMPS DE RÉFRIGÉRATION : 30 MINUTES

* 400 g de filet de dorade
* 1 citron vert
* 15 cl de lait de coco
* Ciboulette
* 800 g de haricots verts
* 4 tranches de pain de campagne

Hachez le poisson au couteau puis mélangez-le au jus du citron. Laissez reposer 10 minutes puis ajoutez le lait de coco et de la ciboulette ciselée. Placez au réfrigérateur pendant 30 minutes.

Pendant ce temps, équeutez les haricots verts et plongez-les 20 minutes dans l'eau bouillante.

Égouttez et laissez refroidir. Assaisonnez avec une vinaigrette dans laquelle vous pouvez ajouter de l'échalote ciselée.

Servez le tartare et la salade de haricots avec du pain grillé.

Dessert

Crumble de mirabelles

PRÉPARATION : 10 MINUTES • CUISSON : 15 MINUTES

* 600 g de mirabelles
* 40 g de sucre en poudre
* 40 g de beurre
* 40 g de farine
* 40 g de poudre d'amande

Préchauffez votre four à 210 °C.

Mélangez le sucre, la poudre d'amande et la farine. Ajoutez le beurre en petits morceaux. Malaxez rapidement du bout des doigts.

Dénoyautez les mirabelles et disposez-les au fond d'un plat à gratin puis émiettez la pâte à crumble par-dessus.

Enfournez pour 15 minutes.

Servez tiède.

Dîner

Cake aux courgettes

PRÉPARATION : 5 MINUTES • CUISSON : 40 MINUTES

* 120 g de faisselle
* 2 courgettes
* 150 g de farine
* 3 œufs
* 3 cuillerées à soupe d'huile d'olive
* ½ sachet de levure
* 70 g de parmesan râpé
* Ciboulette ciselée
* 1 laitue

Très pratique pour un pique-nique !

Préchauffez votre four à 200 °C.

Râpez les courgettes au robot.

Battez les œufs avec la farine et la levure. Salez et poivrez bien. Ajoutez la faisselle bien égouttée, l'huile, la ciboulette ciselée, le parmesan râpé et les courgettes. Mélangez bien puis versez dans un moule à cake non beurré.

Enfournez pour 40 minutes.

Servez accompagné d'une laitue avec une vinaigrette à la ciboulette.

Le petit +

Servez avec un coulis de tomates ail et basilic : faites cuire, dans une sauteuse, 6 tomates pelées et épépinées, 2 gousses d'ail pressé, quelques feuilles de basilic ciselé et une cuillerée à café de sucre. Laissez mijoter 15 minutes à feu doux. Mixez, salez et poivrez. Laissez refroidir.

Dessert

4 yaourts

Samedi

Déjeuner

Entrée

Melon

Le petit +

Versez un peu de porto ou de muscadet sur la chair du melon ou encore du jus de raisin blanc pour les enfants.

Plat

Salade de pâtes sicilienne

PRÉPARATION : 5 MINUTES • CUISSON : ENVIRON 6 MINUTES

* 400 g de farfalles
* 200 g d'aubergines confites
* 200 g de poivrons confits
* 250 g de tomates cerises
* 250 g de mozzarella en billes
* Basilic
* 4 tranches de jambon cru

Faites cuire les pâtes puis rincez-les à l'eau froide et égouttez bien.

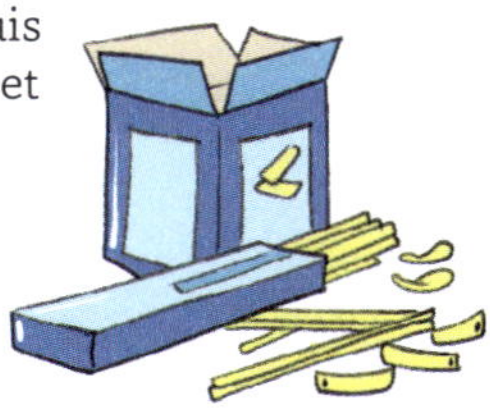

Dans un saladier, mélangez les pâtes avec les aubergines, les poivrons, les tomates cerises coupées en deux et la mozzarella.

Assaisonnez avec 1 cuillerée à café de moutarde et 3 cuillerées à soupe d'huile d'olive, du sel, du poivre et du basilic ciselé.

Servez frais accompagné de jambon cru.

Dessert

Fromage blanc au coulis d'abricot

PRÉPARATION : 3 MINUTES

* 400 g de faisselle
* Confiture d'abricots

Faites fondre 5 cuillerées à soupe de confiture avec un peu d'eau.

Dans chaque ramequin, versez de la faisselle puis le coulis. Servez aussitôt.

Le petit +

Pour un coulis frais : portez à ébullition 8 abricots dénoyautés avec 50 g de sucre et 10 cl d'eau en remuant. Laissez mijoter à feu doux 5 minutes à couvert puis mixez.
Pour des adultes, vous pouvez ajouter un peu de rhum au coulis.

Dîner

Pizza au pesto

PRÉPARATION : 5 MINUTES • CUISSON : 15 MINUTES

* 1 grande pâte à pizza
* 2 tomates
* 50 g de pesto
* 125 g de mozzarella
* Mesclun de salade

Préchauffez votre four à 200 °C.

Garnissez la pâte avec la moitié du pesto. Disposez des rondelles de tomates puis la mozzarella en tranches et enfin le reste de pesto.

Enfournez pour 15 minutes.

Servez accompagné d'une salade de jeunes pousses.

Le petit +

Pour un pistou maison : mixez 20 g de feuilles de basilic frais, 50 g de pignons de pin et 2 gousses d'ail. Ajoutez 8 cl d'huile d'olive et 50 g de parmesan râpé et mixez à nouveau brièvement.
Vous pouvez aussi faire vous-même la pâte à pizza (retrouvez la recette page 17).

Dessert

Glace aux framboises express

PRÉPARATION : 3 MINUTES

- 600 g de framboises surgelées
- 2 yaourts veloutés (ou de la crème fraîche)
- 120 g de sucre glace

Mixez les framboises surgelées avec les yaourts et le sucre glace.

Servez immédiatement ou placez au congélateur.

Variante : si vous préférez un sorbet, remplacez les yaourts ou la crème fraîche par un blanc d'œuf.

Dimanche

Déjeuner

Entrée

Tzatziki

PRÉPARATION : 3 MINUTES • TEMPS DE RÉFRIGÉRATION : 1 HEURE

- 1 concombre
- 2 yaourts nature veloutés
- 1 gousse d'ail

Épluchez le concombre et coupez-le en très fines rondelles, idéalement avec un robot. Mélangez aux yaourts avec de l'ail pressé et 3 cuillerées à soupe d'huile d'olive.

Salez et poivrez puis placez au réfrigérateur pendant 1 heure.

Plat

Poulet rôti et pommes au four

PRÉPARATION : 5 MINUTES • CUISSON : 1 H 30

- 1 poulet
- 25 g de beurre
- 15 petites pommes de terre
- 1 tête d'ail
- Brins de romarin
- Herbes de Provence

Préchauffez votre four à 220 °C.

Disposez le poulet dans un grand plat à four. Glissez des brins de romarin sous la peau du poulet et déposez le beurre en dés dessus.

Brossez les pommes de terre et placez-les autour du poulet. Ajoutez les gousses d'ail séparées mais non épluchées. Arrosez le tout d'un filet d'huile d'olive, salez, poivrez et saupoudrez d'herbes de Provence.

Ajoutez ½ verre d'eau puis enfournez pour 1 h 30.

Arrosez régulièrement et ajoutez de temps à autre un peu d'eau si nécessaire.

Le petit +

Ajoutez une cuillerée à café de fromage frais à l'ail dans le poulet avant la cuisson.
Vous pouvez également ajouter des tranches de bacon que vous glisserez sous la peau avant la cuisson.

Dessert

Tiramisu aux framboises

PRÉPARATION : 10 MINUTES • TEMPS DE RÉFRIGÉRATION : 3 HEURES

- 250 g de mascarpone
- 30 cl de crème épaisse bien fraîche
- 400 g de framboises
- 60 g de sucre

À faire la veille de préférence.

Mélangez le sucre, le mascarpone, la crème et une cuillerée de coulis de framboise. Battez la préparation au fouet électrique pendant 5 minutes.

Trempez rapidement les biscuits dans le coulis de framboise puis disposez-les au fond d'un grand plat.

•••/•••

- 10 biscuits roses de Reims (ou biscuits à la cuillère)
- 20 cl de coulis de framboise

Recouvrez de framboises puis de la préparation au mascarpone.

Réservez au frais quelques heures.

Le petit +

Ajoutez quelques gouttes d'alcool (kirsch, rhum) ou d'essence d'amande amère au coulis pour relever le goût des biscuits.

Dîner

Gaspacho et tuiles au parmesan

PRÉPARATION : 10 MINUTES • CUISSON : 5 MINUTES • TEMPS DE RÉFRIGÉRATION : 1 HEURE

- 1 litre de pur jus de tomates
- 2 tomates
- 1 poivron
- 1 grand concombre
- 1 petit oignon
- 1 gousse d'ail
- Pain de campagne
- 150 g de parmesan râpé

Épluchez et épépinez le concombre. Épépinez le poivron. Émincez l'oignon.

Placez dans le robot la moitié du concombre, la moitié du poivron, l'oignon, l'ail pressé. Mixez bien.

Ajoutez le jus de tomates, 2 cuillerées d'huile d'olive, une cuillerée à café de vinaigre, une bonne pincée de sucre, du sel et du poivre. Mixez à nouveau pour obtenir un velouté.

Réservez au réfrigérateur au moins une heure.

Pendant ce temps, détaillez les tomates, le demi-concombre et le demi-poivron restants en petits dés et réservez.

Préchauffez votre four à 200 °C.

Sur une plaque recouverte de papier sulfurisé, faites une quinzaine de petits tas de parmesan râpé, puis aplatissez-les pour obtenir des cercles d'environ 5 cm de

•••/•••

diamètre. Enfournez pour 5 minutes jusqu'à ce que les tuiles soient légèrement dorées. Laissez refroidir.

Servez le gaspacho bien frais accompagné des dés de légumes servis à part et des tuiles.

Le petit +

Pour les soirées d'été plus fraîches, faites plutôt un minestrone : dans une cocotte-minute, versez 1 kg de légumes à potage surgelé, 1 boîte de tomates pelées, 10 g de concentré de tomate et une gousse d'ail pressé. Fermez la cocotte et portez à ébullition. Laissez cuire 15 minutes à partir du sifflement. Au dernier moment, ajoutez 100 g de vermicelle et portez à nouveau à ébullition. Salez et poivrez puis servez accompagné de parmesan râpé, de croûtons et d'herbes ciselées.

Dessert

Pêche au chocolat

PRÉPARATION : 5 MINUTES • TEMPS DE RÉFRIGÉRATION : 1 MINUTE

* 4 pêches
* 100 g de chocolat à cuire
* 20 g de beurre

Épluchez les pêches, coupez-les en quartiers et disposez-les dans 4 verrines.

Faites fondre le chocolat et le beurre au bain-marie ou quelques secondes au micro-ondes.

Nappez les pêches avec le chocolat et servez immédiatement.

Le petit +

Parsemez des amandes effilées ou des brisures de biscuits. Pour les adeptes du chocolat au lait, ajoutez 1 bonne cuillerée à soupe de crème épaisse au chocolat fondu.

Votre liste de courses pour la Semaine 1 de l'été

Légumes

- 14 tomates
- 250 g de tomates cerises
- 4 petites courgettes
- 4 courgettes rondes
- 4 concombres
- 1 poivron
- 4 pommes de terre
- 15 pommes de terre grenaille
- 800 g de haricots verts extrafins
- 400 g de pousses d'épinards
- 1 laitue
- 1 batavia
- 2 salades de jeunes pousses
- 3 oignons
- 8 gousses d'ail
- 1 bouquet de basilic
- 1 bouquet de persil
- 2 bouquets de menthe
- Quelques brins de ciboulette
- Quelques feuilles d'estragon
- Quelques brins de romarin

Crémerie/Frais

- 40 g + 60 g de beurre
- 50 cl de lait entier
- 15 cl de lait de coco
- 20 cl de crème liquide
- 30 cl de crème épaisse
- 120 g + 800 g de faisselle
- 12 yaourts
- 2 + 2 yaourts veloutés
- 8 + 1 œufs
- 2 + 1 pâtes feuilletées
- 1 pâte à pizza
- 1 kg de gnocchi
- 8 grands blinis
- 250 g de mayonnaise
- 6 tranches fines de comté
- Quelques copeaux de parmesan
- 270 g de parmesan râpé
- 125 g de mozzarella en bloc
- 250 g de mozzarella (petites billes)
- 150 g de feta
- 80 g de ricotta
- 250 g de mascarpone

Surgelé

- 600 g de framboises

En rose sont indiquées les quantités qui concernent les desserts.

Votre liste de courses pour la Semaine 1 de l'été

Fruits

- **800 g** de cerises
- **400 g** de framboises
- ½ pastèque
- 12 pêches blanches
- 1 melon
- **600 g** de mirabelles
- 2 citrons
- 1 citron vert
- 50 g d'olives noires
- 100 g de pignons
- 40 g de raisins secs
- **40 g** de poudre d'amandes

épicerie

- 300 g de semoule
- 400 g de farfalles
- 200 g de flocons d'avoine
- ½ sachet de gélatine en poudre
- 150 g + **40 g** de farine
- 15 g + **20 g** de Maïzena®
- ½ sachet de levure chimique
- **170 g** de sucre roux (fin)
- **120 g** de sucre glace
- 1 sachet de sucre vanillé
- 1 gousse de vanille
- **100 g** de chocolat à cuire
- **60 g** de purée d'amandes sucrée
- **2 cl** de sirop de pêche
- **50 g** de confiture d'abricots
- **20 cl** de coulis de fraises
- **20 cl** de coulis de framboises
- 10 biscuits roses ou cuiller
- 1 l de jus de tomate (pur jus)
- 250 g de saumon rose sans peau
- 500 g de piperade (conserve)
- 400 g de tomates pelées
- 200 g d'aubergines confites
- 200 g de poivrons confits
- 50 g de pesto
- 12 tranches de pain de campagne
- 4 petits pains (ciabatta, pitta)
- **2 cl** de kirsch

Poissonnerie

- 400 g de filets de dorade

Boucherie

- 400 g de farce
- 1 poulet

Charcuterie

- 4 tranches de jambon blanc
- 4 tranches de jambon cru

Et n'oubliez pas de compléter votre fonds de maison (voir page 13) si nécessaire...

ÉTÉ
Semaine 2

Menus	Déjeuners	Dîners
Lundi		
Plats	Céréales aux miettes de crabe	Tarte à la tomate toute simple
Desserts	Prunes	Faisselle à la mûre
Mardi		
Plats	Salade de fèves crues au chorizo	Nouilles chinoises aux crevettes
Desserts	Glace au yaourt express	Pêche caramélisée au miel
Mercredi		
Plats	Salade Caesar au poulet	Flan de tomates
Desserts	Melon jaune	Compotée de brugnons
Jeudi		
Plats	Risotto aux gambas	Moussaka légère
Desserts	Yaourt	Crème de fruits d'été
Vendredi		
Plats	Colin sauvage en papillote	Poivron à la ricotta
Desserts	Clafoutis aux mirabelles	Yaourt
Samedi		
Entrées	Figues au chèvre frais	
Plats	Tortilla facile	Tian méridional
Desserts	Fromage blanc au coulis de cerises	Milk-shake de mangue glacée
Dimanche		
Entrées	Salade de courgettes crues aux pignons	
Plats	Wok de porc au curry	Velouté de courgettes aux lardons
Desserts	Tarte aux myrtilles	Framboises et mendiants

Lundi

Déjeuner

Céréales aux miettes de crabe

PRÉPARATION : 3 MINUTES • CUISSON : 8 MINUTES

* 200 g de mélange de quinoa et boulgour
* 180 g de miettes de crabe
* 4 poignées d'herbes fraîches (persil, ciboulette, aneth, basilic...)
* 1 yaourt velouté
* Curry

10 minutes top chrono !

Faites cuire les céréales comme indiqué sur le paquet (environ 8 minutes), puis rincez à l'eau froide et égouttez.

Dans un saladier, mélangez les céréales, les miettes de crabe et les herbes fraîches ciselées.

Faites une vinaigrette en mélangeant le yaourt avec 1 cuillerée à café de moutarde, 1 cuillerée à soupe de vinaigre, 3 cuillerées à soupe d'huile, du sel, du poivre et une pincée de curry.

Mélangez et réservez au frais.

Le petit +

Ajoutez 4 gouttes de tabasco pour relever le goût.

Dessert

8 prunes

Dîner

Tarte à la tomate toute simple

PRÉPARATION : 3 MINUTES • CUISSON : 8 MINUTES

* 1 pâte brisée
* 6 tomates
* 200 g de gruyère râpé
* 1 laitue

Préchauffez votre four à 180 °C.

Étalez la pâte directement sur une plaque recouverte de papier sulfurisé.

Recouvrez la pâte de moutarde puis de gruyère râpé.

Coupez les tomates en rondelles sans les peler et placez-les sur la tarte.

Saupoudrez du sel, du poivre, des herbes de Provence et versez un filet d'huile d'olive.

Enfournez pour 30 minutes.

Servez chaud ou froid avec une laitue assaisonnée au vinaigre balsamique.

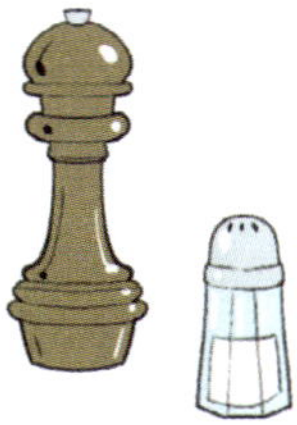

Dessert

Faisselle à la mûre

PRÉPARATION : 3 MINUTES

* 400 g de faisselle
* 5 cuillerées à soupe de gelée de mûre

Faites fondre la gelée avec un peu d'eau.

Répartissez la faisselle dans 4 ramequins, versez le coulis de mûre et servez aussitôt.

Mardi

Déjeuner

Salade de fèves crues au chorizo

PRÉPARATION : 5 MINUTES

- 500 g de fèves pelées surgelées
- 150 g de chorizo
- 150 g de tomates confites
- 1 gousse d'ail
- Basilic frais

Laissez décongeler et égouttez les fèves.

Pendant ce temps, enlevez la peau du chorizo et coupez-le en fines rondelles.

Détaillez les tomates confites en lanières.

Dans un saladier, mélangez l'ail pressé, quelques feuilles de basilic hachées, du sel, du poivre et 3 cuillerées d'huile d'olive. Ajoutez les fèves crues, le chorizo et les tomates.

Mélangez et servez.

Dessert

Glace au yaourt express

PRÉPARATION : 2 MINUTES • CUISSON : MINUTES •
TEMPS DE RÉFRIGÉRATION : 2 HEURES

- 4 yaourts sucrés
- 10 cl de crème fraîche

Congelez les yaourts pendant au moins 2 heures et sortez-les du congélateur 10 minutes avant la préparation.

Mixez les yaourts avec la crème.

Servez aussitôt.

Dîner

Nouilles chinoises aux crevettes

Préparation : 5 minutes • **Cuisson :** 12 minutes

- 400 g de nouilles chinoises
- 400 g de crevettes décortiquées
- 20 cl de lait de coco
- Coriandre fraîche
- Curry en poudre

Saupoudrez une cuillerée à café de curry en poudre sur les crevettes avant de les faire revenir 2 minutes dans une sauteuse avec un peu d'huile. Ajoutez la crème de coco et laissez mijoter 5 minutes à feu très doux.

Plongez les pâtes dans une grande casserole d'eau bouillante. À la reprise de l'ébullition, arrêtez la cuisson, couvrez et laissez reposer 4 minutes.

Égouttez les nouilles et versez-les dans la sauteuse.

Salez, poivrez et mélangez.

Saupoudrez de la coriandre ciselée et servez immédiatement.

Dessert

Pêche caramélisée au miel

Préparation : 3 minutes • **Cuisson :** 5 minutes

- 4 pêches pas trop mûres
- 2 cuillerées à soupe de miel liquide
- 1 citron
- Chantilly

Avant le repas, pelez les pêches (si elles sont difficiles à peler ; plongez-les 10 secondes dans l'eau bouillante puis dans l'eau très froide). Ensuite, coupez-les en quartiers et enrobez-les d'un mélange de miel et de jus de citron. Réservez au frais.

Pendant le repas, poêlez les pêches avec une noix de beurre à feu vif pendant 5 minutes, jusqu'à ce qu'elles caramélisent un peu.

Servez immédiatement avec de la chantilly.

Le petit +

Faites une chantilly au mascarpone : avant le repas, battez 70 g de mascarpone et 15 cl de crème liquide bien froide. Réservez au congélateur.

Mercredi

Déjeuner

Salade Caesar au poulet

PRÉPARATION : 5 MINUTES • CUISSON : 5 MINUTES

* 400 g de blancs de poulet
* 1 salade romaine
* 100 g de croûtons à l'ail
* 100 g de copeaux de parmesan
* 15 cl de crème de soja pour la cuisine

Poêlez les blancs de poulet puis détaillez-les en lanières. Laissez refroidir.

Lavez et essorez la salade puis découpez-la en tronçons de 2 cm.

Préparez la sauce dans un grand saladier : 2 cuillerées à soupe de moutarde, 3 cuillerées à soupe d'huile et la crème liquide.

Ajoutez la salade, le poulet, les croûtons et le parmesan en copeaux.

Mélangez. Goûtez puis salez et poivrez.

Le petit +

Pour une sauce Caesar plus traditionnelle, ajoutez 1 jaune d'œuf et 1 cuillerée à soupe de sauce Worcestershire.

Dessert

1 melon jaune

Dîner

Flan de tomates

PRÉPARATION : 3 MINUTES • CUISSON : 25 MINUTES

* 1 boîte de tomates pelées
* 4 œufs
* ½ cube de bouillon aux herbes
* 150 g de comté râpé
* 15 cl de crème liquide
* 15 cl de lait
* 40 g de Maïzena®
* Curry en poudre
* 1 salade de roquette

Préchauffez votre four à 210 °C.

Dans un plat à gratin, mélangez les œufs, la crème, le demi-cube de bouillon dilué, les tomates en petits morceaux bien égouttées, la Maïzena®, le fromage et 1 pincée de curry. Salez et poivrez.

Enfournez pour 25 minutes. Couvrez en cours de cuisson si cela commence à trop brunir.

Servez chaud ou froid, accompagné d'une salade de roquette relevée.

Le petit +

Encore meilleur avec des tomates fraîches, mais la cuisson sera plus longue (environ 40 minutes). N'hésitez pas alors à ajouter des courgettes et des oignons. Sinon, avec des tomates cerises entières cela ressemblera à un clafoutis.

Dessert

Compotée de brugnons

PRÉPARATION : 5 MINUTES • CUISSON : 5 MINUTES

* 6 brugnons
* 10 cl de vin rouge
* 150 g de sucre

Plongez les fruits 10 secondes dans l'eau bouillante puis dans l'eau glacée, puis épluchez-les et coupez-les en quartiers.

Faites chauffer le sucre avec le vin pour qu'il fonde puis ajoutez les fruits et laissez mijoter doucement 30 minutes ou faites cuire à couvert 5 minutes à micro-ondes.

Le petit +

Servez avec une boule de glace à la vanille. Le vin peut être remplacé par du jus de fruits pour les enfants.

Jeudi

Déjeuner

Risotto aux gambas

PRÉPARATION : 8 MINUTES • CUISSON : 10 MINUTES • TEMPS DE RÉFRIGÉRATION : 30 MINUTES

- 350 g de riz spécial risotto
- 25 gambas ou 500 g de crevettes décortiquées
- ½ cube de bouillon
- 15 cl de vin blanc
- 1 échalote
- Persil plat
- 3 cuillerées à soupe de crème de soja
- Ail en semoule
- Curry en poudre
- Gingembre en poudre

Saupoudrez sur les gambas une cuillerée à café de curry, une cuillerée à café de gingembre, un peu d'ail en semoule, du sel et du poivre. Ajoutez un filet d'huile d'olive et laissez mariner au frais 30 minutes.

Faites bouillir 80 cl d'eau avec le demi-cube de bouillon, puis laissez mijoter doucement.

Dans une cocotte-minute, faites revenir l'échalote émincée puis ajoutez le riz et faites-le rissoler doucement jusqu'à ce qu'il soit translucide. Versez le vin puis tout le bouillon et refermez la cocotte. Portez à ébullition et laissez cuire 7 minutes à partir du sifflement.

Saisissez les gambas quelques minutes à la poêle, des deux côtés. Lorsque le riz est cuit, hors du feu, salez si besoin et poivrez, ajoutez la crème, le persil ciselé puis les gambas et servez !

Le petit +

La cuisson classique du risotto : faites revenir l'échalote émincée dans une poêle avec un peu d'huile. Lorsqu'elle est dorée, ajoutez le riz et faites-le rissoler pendant quelques secondes, jusqu'à ce qu'il devienne translucide. Versez le vin et attendez qu'il s'évapore. Ensuite, ajoutez progressivement le bouillon. Versez une louche, mélangez et attendez qu'il soit absorbé puis recommencez. Cela prend une petite vingtaine de minutes.

Dessert

4 yaourts

Dîner

Moussaka légère

Préparation : 10 minutes • Cuisson : 35 minutes

- 2 petites aubergines
- 600 g de sauce à la viande (sauce bolognaise réduite par exemple, donc pas trop liquide)
- 150 g de yaourt à la grecque
- 80 g de gruyère râpé
- 300 g de mozzarella
- Muscade
- Cannelle
- Ail semoule
- 1 batavia

Préchauffez votre four à 220 °C.

Mélangez le yaourt avec du sel, du poivre, un peu de muscade, de cannelle et d'ail puis réservez.

Versez un filet d'huile d'olive dans le fond du plat à gratin.

Coupez les aubergines en tranches de 1 cm d'épaisseur et disposez-en la moitié au fond du plat. Salez, poivrez et badigeonnez la couche d'aubergines avec la moitié du yaourt.

Ensuite versez la sauce à la viande.

Disposez une nouvelle couche d'aubergines, salez, poivrez et badigeonnez avec le reste de yaourt.

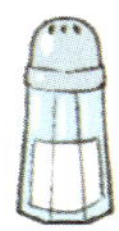

Saupoudrez de fromage râpé et de mozzarella en tranches.

Enfournez pour 35 minutes.

Servez avec une salade batavia.

Le petit +

La sauce à la viande maison : faites revenir dans une poêle un oignon haché, puis ajoutez 500 g de viande hachée et laissez dorer. Ajoutez 40 g de concentré de tomates, une gousse d'ail pressée, salez et poivrez puis laissez cuire 10 minutes.

Dessert

Crème de fruits d'été

Préparation : 3 minutes

- 250 g de framboises
- 100 g de fraises
- 20 cl de crème liquide entière
- 50 g de sucre glace

Mixez les fruits avec le sucre et la crème froide pendant quelques minutes.

Versez dans des verrines et réservez au frais.

Vendredi

Déjeuner

Colin sauvage en papillote

Préparation : 8 minutes • Cuisson : 20 minutes

- 4 filets de colin sauvage (lieu noir)
- 2 carottes
- 2 courgettes
- 3 cuillerées à soupe de crème de soja pour la cuisine
- 1 citron
- 1 gousse d'ail
- Coriandre
- 250 g de semoule

Préchauffez votre four à 210 °C.

Détaillez les légumes en lanières à l'aide d'un économe ou d'un ustensile approprié (mandoline, taille-légume…).

Dans un plat à gratin, posez 4 grandes feuilles de papier sulfurisé (ou aluminium). Sur chacune, déposez un filet de poisson puis les lanières de légumes.

Dans un bol, mélangez 3 cuillerées d'huile d'olive, le jus du citron, l'ail pressé, la coriandre, le sel et le poivre. Versez sur les poissons.

Fermez les papillotes et enfournez pour 20 minutes. Pendant ce temps, faites cuire la semoule.

Arrosez d'un filet de crème avant de servir.

Dessert

Clafoutis aux mirabelles

Préparation : 3 minutes • Cuisson : 30 minutes

- 400 g de mirabelles
- 2 œufs
- 40 cl de crème liquide
- 60 g de sucre
- 100 g de farine

Préchauffez votre four à 180 °C.

Placez les mirabelles au fond d'un plat à gratin beurré (sans les dénoyauter sauf si les enfants sont trop jeunes).

Battez les œufs avec le sucre puis avec la farine et la crème.

Versez sur les mirabelles et enfournez pour 30 minutes.

Servez tiède ou froid.

Dîner

Poivron à la ricotta

PRÉPARATION : 5 MINUTES • CUISSON : 40 MINUTES

- 4 petits poivrons jaunes
- 2 œufs
- 50 g de tomates séchées
- 250 g de ricotta
- 15 cl de crème de soja pour la cuisine
- Basilic
- Piment de Cayenne

Préchauffez votre four à 190 °C.

Évidez les poivrons et placez-les dans un plat avec un peu d'huile d'olive au fond.

Mixez la ricotta, la crème, les tomates séchées, les œufs et le basilic émincé. Salez et poivrez, et ajoutez une pincée de piment.

Farcissez les légumes puis versez un filet d'huile d'olive et enfournez pour 40 minutes. Couvrez en cours de cuisson pour que cela ne brûle pas.

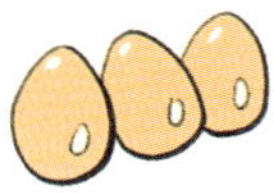

Pour relever le goût, ajoutez quelques morceaux de chorizo.

Dessert

4 yaourts

Samedi

Déjeuner

Entrée

Figues au chèvre frais

Préparation : 2 minutes

- 4 figues
- 80 g de chèvre frais
- Miel liquide

Coupez les figues en 2 dans la longueur.

Disposez-les sur le dos dans un plat de service. Sur chaque moitié de figue, déposez une tranche de chèvre frais puis versez un filet de miel liquide et servez.

Plat

Tortilla facile

Préparation : 8 minutes • Cuisson : 20 minutes

- 6 pommes de terre moyennes à chair ferme
- 6 œufs
- 1 oignon
- 30 g de fromage blanc
- 1 salade de roquette

Épluchez les pommes de terre puis coupez-les en rondelles très fines (au robot par exemple). Émincez l'oignon.

Versez 6 cuillerées d'huile dans une sauteuse, faites revenir l'oignon quelques minutes puis versez les pommes de terre et laissez cuire 10 minutes à feu vif en remuant régulièrement.

Dans un saladier, battez les œufs avec le fromage blanc, puis salez et poivrez suffisamment car il ne sera plus possible de rectifier l'assaisonnement par la suite.

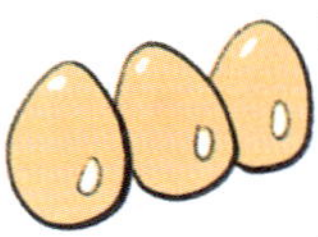

Dès que les pommes de terre sont cuites, versez le mélange par-dessus. Passez à feu doux et remuez doucement avec une cuillère en bois comme pour faire des œufs brouillés, puis laissez cuire environ 5 minutes.

•••/•••

Lorsque l'œuf n'est quasiment plus liquide sur le dessus, retournez la tortilla à l'aide d'une assiette.

Faites dorer quelques minutes et servez chaud, tiède ou froid avec de la roquette.

Le petit +

Ajoutez une dizaine de rondelles de chorizo (sans la peau) dans la sauteuse lorsque les pommes de terre sont cuites, avant de verser l'œuf.

Dessert

Fromage blanc au coulis de cerises

PRÉPARATION : 3 MINUTES

* 400 g de fromage blanc
* 5 cuillerées à soupe de confiture de cerises
* Kirsch

Faites chauffer la confiture avec un peu d'eau et de kirsch.

Répartissez le fromage blanc dans 4 ramequins et versez le coulis dessus.

Servez aussitôt.

Le petit +

Pour un coulis maison : portez à ébullition 70 g de sucre avec 10 cl d'eau et le jus d'un citron en remuant, puis ajoutez 500 g de cerises dénoyautées. Laissez mijoter à feu doux 10 minutes à couvert puis versez dans un robot et mixez.
Variante : remplacez les cerises par une dizaine de prunes et de l'eau-de-vie de mirabelles.

Dîner

Tian méridional

Préparation : 10 minutes • Cuisson : 40 minutes

* 3 courgettes
* 3 tomates
* 3 pommes de terre
* 2 gousses d'ail
* 1 oignon
* 70 g de parmesan râpé
* Basilic
* Herbes de Provence

Préchauffez votre four à 180 °C.

Coupez les courgettes, les tomates, l'oignon et les pommes de terre en fines rondelles.

Dans un plat à gratin, versez un filet d'huile puis disposez les rondelles de légumes debout, en les alternant.

Dans un bol, mélangez l'ail pressé, 2 cuillerées à soupe d'huile d'olive, du sel, du poivre et des herbes de Provence puis versez sur le tian.

Enfournez pour 40 minutes.

Saupoudrez le parmesan et le basilic ciselé avant de servir.

Le petit +

Une variante plus rapide mais moins jolie : disposez les légumes couchés en vrac, sans oublier d'assaisonner entre chaque couche.
Vous pouvez également remplacer le parmesan par des tranches de mozzarella.

Dessert

Milk-shake de mangue glacée

Préparation : 2 minutes

* 450 g de mangue coupée surgelée
* 1 yaourt velouté
* 50 cl de lait de coco
* 30 g de sucre

Souvenir du Cambodge…

Placez les ingrédients dans un robot et mixez.

Servez aussitôt !

Dimanche

Déjeuner

Entrée

Salade de courgettes crues aux pignons

Préparation : 5 minutes

* 2 courgettes
* ½ citron
* 50 g de pignons de pin

Épluchez, épépinez et découpez les courgettes en petits dés.

Assaisonnez-les avec le jus du citron, 2 cuillerées d'huile d'olive, du sel et du poivre.

Faites griller très rapidement les pignons dans une poêle sans matière grasse et mélangez-les aux courgettes.

Le petit +

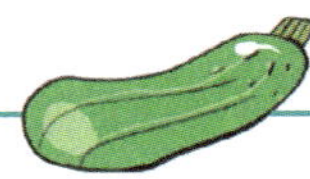

Ajoutez des raisins secs préalablement trempés dans un peu d'eau tiède.

Plat

Wok de porc au curry

Préparation : 5 minutes • Cuisson : 30 minutes

* 600 g de filet mignon de porc
* 500 g de julienne de légumes surgelée
* 30 g de fromage blanc
* 1 oignon

Faites revenir la julienne de légumes dans une sauteuse ou mieux, un wok, à feu vif, durant 7 minutes puis réservez.

Faites revenir l'oignon émincé et l'ail pressé puis incorporez la viande coupée en gros cubes et saisissez-la rapidement, puis baissez le feu.

•••/•••

- 1 gousse d'ail
- Piment de Cayenne
- Curry en poudre
- Gingembre

Saupoudrez sur la viande une cuillerée à café de curry, un peu de gingembre et une pointe de piment. Salez et poivrez puis laissez mijoter à feu très doux pendant 20 minutes.

Hors du feu, incorporez le fromage blanc et les légumes, salez si nécessaire puis laissez reposer à couvert dix minutes avant de servir.

Le petit +

En vacances, préférez la version barbecue : quelques heures avant, faites mariner les cubes de porc dans un mélange de lait de coco, huile d'olive, sel, poivre, 2 cuillerées à café de curry, une pincée de piment ou un mélange de miel liquide, huile d'olive, vinaigre balsamique, moutarde et romarin.

Dessert

Tarte aux myrtilles

PRÉPARATION : 3 MINUTES • CUISSON : 30 MINUTES

- 1 pâte sablée
- 600 g de myrtilles fraîches ou surgelées
- 6 biscuits à la cuillère
- 50 g de gelée de mûre
- Sucre glace

Préchauffez votre four à 180 °C.

Disposez la pâte dans un moule à tarte. Émiettez les biscuits dessus.

Versez ensuite les myrtilles bien égouttées et mélangées à la gelée.

Enfournez pour 30 minutes, plutôt dans le bas du four.

Laissez tiédir dans le four éteint. Saupoudrez du sucre glace avant de servir.

Le petit +

Remplacez les biscuits par de la poudre d'amande.
Si vous souhaitez faire votre pâte sablée maison, retrouvez la recette page 17.

Dîner

Velouté de courgettes aux lardons

Préparation : 5 minutes • Cuisson : 5 minutes

* 1 kg de courgettes
* 1 grosse pomme de terre
* ½ cube de bouillon aux herbes
* 3 portions de fromage fondu (Kiri® ou Vache-qui-rit®) ou 100 g de tofu soyeux
* 4 tranches de pain de campagne
* 120 g de lardons

Placez les légumes coupés en tronçons dans une cocotte-minute avec le demi-cube de bouillon dilué dans 20 cl d'eau. Fermez la cocotte, portez à ébullition et laissez cuire 5 minutes après le sifflement.

Hors du feu, ajoutez le fromage fondu, du poivre et mixez.

Ajoutez les lardons grillés au moment de servir.

Servez chaud ou froid avec du pain de campagne.

Dessert

Framboises et mendiants blancs

Préparation : 5 minutes • Temps de réfrigération : 30 minutes

* 200 g de chocolat blanc
* 3 cuillerées à soupe de fruits confits et secs (écorces d'orange, raisins secs, papaye, coco, amandes, noix, pistaches…)
* 200 g de framboises

Faites fondre le chocolat au bain-marie ou quelques minutes au micro-ondes puis versez des petits tas d'environ 5 cm de diamètre sur une feuille de papier sulfurisé.

Répartissez les fruits secs sur chaque petit tas.

Laissez refroidir à température ambiante puis faites durcir au réfrigérateur.

Décollez les mendiants délicatement et servez-les pour accompagner les framboises.

Votre liste de courses pour la Semaine 2 de l'été

Légumes

- 9 tomates
- 4 petits poivrons jaunes
- 2,5 kg de courgettes
- 2 carottes
- 2 petites aubergines
- 11 pommes de terre
- 1 salade romaine
- 1 laitue
- 1 batavia
- 2 salades de roquette
- 3 oignons
- 5 gousses d'ail
- 1 échalote
- 2 bouquets de basilic
- 1 bouquet de persil
- Quelques brins d'aneth
- Quelques brins de ciboulette
- Quelques feuilles de coriandre

Crémerie/Frais

- 15 cl de lait
- 20 cl + 50 cl de lait de coco
- 15 cl + 20 cl de crème liquide entière
- 50 cl de crème liquide légère
- 40 cl de crème de soja cuisine
- 60 g + 400 g de fromage blanc
- 400 g de faisselle
- 8 yaourts
- 4 yaourts sucrés
- 1 + 1 yaourts veloutés
- 1 yaourt à la grecque
- 1 bombe de chantilly
- 12 + 2 œufs
- 1 pâte brisée
- 1 pâte sablée
- 280 g de gruyère râpé
- 150 g de comté râpé
- 100 g de parmesan en copeaux
- 70 g de parmesan râpé
- 300 g de mozzarella
- 80 g de chèvre frais
- 3 fromages fondus à la crème
- 250 g de ricotta

Surgelé

- 500 g de fèves crues pelées
- 500 g de julienne de légumes
- 450 g de mangue coupée

En rose sont indiquées les quantités qui concernent les desserts.

Votre liste de courses pour la Semaine 2 de l'été

Fruits

- 400 g de mirabelles
- 8 prunes
- 100 g de fraises
- 450 g de framboises
- 4 pêches (pas trop mûres)
- 6 brugnons
- 1 melon jaune
- 600 g de myrtilles (ou surgelées)
- 4 figues
- 2 + 1 citrons
- 50 g de pignons
- 50 g de fruits confits (mélange)

Épicerie

- 350 g de riz spécial risotto
- 200 g de quinoa boulgour (mélange)
- 250 g de semoule
- 400 g de nouilles chinoises
- 100 g de farine
- 40 g de Maïzena®
- 2 cubes de bouillon
- 240 g de sucre roux (fin)
- 50 g de sucre glace
- 200 g de chocolat blanc
- 50 g de confiture de cerises
- 100 g de gelée de mûres
- 2 c à s. de miel liquide
- 6 biscuits à la cuiller
- 600 g de concentré de tomate à la viande rôtie
- 400 g de tomates pelées
- 200 g de tomates confites
- 100 g de croûtons à l'ail
- 4 tranches de pain de campagne
- 15 cl de vin blanc sec
- 10 cl de vin rouge
- 2 cl de kirsch

Poissonnerie

- 180 g de miettes de crabes
- 400 g de crevettes décortiquées
- 25 gambas décortiquées
- 4 filets de lieu noir

Boucherie

- 400 g de blancs de poulet
- 600 g de filet mignon de porc

Charcuterie

- 150 g de chorizo

Et n'oubliez pas de compléter votre fonds de maison (voir page 13) si nécessaire...

UN MENU
pour recevoir en été

Entrée

Mille-feuille de figues

PRÉPARATION : 5 MINUTES

- 4 figues
- 200 g de chèvre frais
- Miel liquide
- Pignons

Découpez les figues en 3 dans la largeur et insérez des tranches de chèvre frais.

Disposez un peu de roquette dans 4 assiettes, posez les figues par-dessus.

Avant de servir, parsemez les pignons poêlés à sec et versez un filet de vinaigrette au miel bien émulsionnée (1 cuillerée à café de moutarde, 1 cuillerée à café de miel, 1 cuillerée à soupe de vinaigre balsamique, du sel, du poivre et pour finir 2 cuillerées à soupe d'huile de noix).

Plat

Gambas au lait de coco

PRÉPARATION : 5 MINUTES • CUISSON : 20 MINUTES

- 250 g de riz
- 25 gambas décortiquées
- 30 cl de lait de coco
- ½ citron
- Curry
- Piment de Cayenne
- Ail semoule
- Ciboulette

Faites cuire le riz, égouttez-le et incorporez une noix de beurre et du sel.

Au dernier moment, saisir rapidement les gambas à la poêle des deux côtés, avec un peu d'huile, de la ciboulette ciselée, une pointe de piment de Cayenne et un peu d'ail semoule. Versez un filet de jus de citron pour déglacer.

Baissez le feu, ajoutez le lait de coco et une cuillerée à café de curry en poudre. Salez si nécessaire et poivrez.t

Laissez mijoter à feu doux quelques minutes mais surtout sans faire bouillir !

Servez aussitôt.

Dessert

Tiramisu aux framboises (voir page 86)

Automne

Mon marché d'automne

Fruits : châtaigne, noix, poire, pomme, pêche de vigne, raisin, coing, figue, kiwi, datte, kaki, clémentine, mandarine, orange, pamplemousse, pomelo, banane.

Légumes : radis noir, courges (courge, citrouille, potiron, potimarron, muscade, spaghetti, butternut...), topinambour, céleri (rave et branche), brocolis, carotte, chou-fleur, chou rouge, chou de Bruxelles, fenouil, navet, panais, poireau, concombre, courgette, épinard, haricot vert, poivron, pomme de terre (de conservation), salsifis, tomate, artichaut, crosne, endive, cardon.

Salades : chicorée, laitue, mâche.

Aromates : échalote, oignon.

Champignons : cèpe et bolet, champignon de Paris, coprin, coulemelle, pleurote, rosé des prés.

Viandes : poularde, caille, canard, lapin, faisan, porc, bœuf.

Poissons : pélamide, hareng, rouget-barbet, coquille Saint-Jacques, bar d'élevage bio, dorade grise d'élevage bio, barbeau, brème, brochet, sardine sauvage, coque, moule. Et toute l'année : mulet, capelan, picarel, oblade, lieu noir, tacaud, truite d'élevage, haddock.

Fromages : camembert, saint-nectaire, beaufort, munster, cantal, comté, gruyère, livarot, maroilles.

AUTOMNE

Semaine 1

Menus	Déjeuners	Dîners
Lundi		
Plats	Lieu noir aux pistaches	Tarte aux poireaux express
Desserts	Raisin	Faisselle aux figues
Mardi		
Plats	Curry de potimarron	Fettuccine marinières
Desserts	Yaourt	Poire au chocolat chaud
Mercredi		
Plats	Jambon et purée de panais	Feuilleté normand
Desserts	Salade d'oranges	Crème caramel au beurre salé
Jeudi		
Plats	Salade tiède de lentilles aux lardons	Œuf cocotte forestier
Desserts	Yaourt	Compote et bouchées aux marrons
Vendredi		
Plats	Marmite de bonite	Cake au chèvre
Desserts	Tarte tatin facile	Yaourt
Samedi		
Entrées	Potiron râpé	
Plats	Omelette aux cèpes	Pizza toute simple
Desserts	Mousse de fromage blanc et dattes	Sorbet à la poire
Dimanche		
Entrées	Salade de chou rouge	
Plats	Poularde aux pruneaux et aux marrons	Soupe de potiron
Desserts	Charlotte aux noix sans cuisson	Poire et tuiles aux amandes

Lundi

Déjeuner

Lieu noir aux pistaches

PRÉPARATION : 5 MINUTES • CUISSON : 20 MINUTES

- 500 g de filets de lieu noir
- 250 g de riz
- 2 gousses d'ail
- Quelques feuilles d'aneth
- 100 g de pistaches émondées et de cacahuètes

Préchauffez votre four à 210 °C.

Mixez les fruits secs avec l'ail épluché et l'aneth.

Placez le poisson dans un plat à gratin et recouvrez-le avec les fruits secs mixés.

Arrosez d'un filet d'huile d'olive. Salez et poivrez.

Enfournez pour 20 minutes. Couvrez en cours de cuisson.

Pendant ce temps, faites cuire le riz dans l'eau bouillante.

Le petit +

Ajoutez des rondelles de citron sur les filets avant la cuisson. Vous pouvez cuire le riz au micro-ondes : rincez-le puis mettez-le dans un plat allant au micro-ondes avec le même volume d'eau et faites cuire 15 minutes.

Dessert

500 g de raisin de table

Dîner

Tarte aux poireaux express

PRÉPARATION : 10 MINUTES • CUISSON : 25 MINUTES

- 1 pâte brisée
- 450 g de fondue de poireaux surgelée
- 30 cl de fromage blanc
- 3 œufs
- 100 g de comté râpé
- Curry
- Mâche

Préchauffez votre four à 180 °C.

Foncez un moule à tarte avec la pâte et réservez.

Décongelez la fondue de poireaux 5 minutes au micro-ondes.

Dans un saladier, mélangez la fondue de poireaux, les œufs, le fromage blanc et le comté. Salez, poivrez et ajoutez une pincée de curry (ou de muscade).

Enfournez pour 25 minutes.

Servez accompagné d'une salade de mâche.

Le petit +

Ajoutez 250 g d'allumettes de lardons fumés.

Version avec des poireaux frais : faites revenir les blancs de 4 poireaux émincés à la poêle avec un peu d'huile jusqu'à ce qu'ils soient translucides. Ajoutez une bonne cuillerée de crème fraîche épaisse. Salez et poivrez.

Pour varier, essayez avec des épinards en branches.

Dessert

Faisselle aux figues caramélisées

PRÉPARATION : 5 MINUTES • CUISSON : 2 MINUTES

- 4 figues
- 400 g de faisselle
- Miel liquide
- 1 citron

Coupez les figues en deux dans la longueur et réservez.

Versez 2 cuillerées à soupe de miel et le jus d'un demi-citron dans une poêle et laissez caraméliser sans remuer.

Faites cuire les figues 1 minute de chaque côté.

Versez un filet de miel sur la faisselle et disposez les figues tièdes à côté.

Pour varier, servez de la glace au lait d'amande à la place de la faisselle.

Mardi

Déjeuner

Curry de potimarron

PRÉPARATION : 10 MINUTES • CUISSON : 20 MINUTES

* 1 potimarron
* 200 g de pois chiches cuits
* 1 oignon
* 70 g de raisins secs
* ½ cube de bouillon aux herbes
* 1 yaourt velouté
* Curry en poudre
* 250 g de semoule

Pois chiches et semoule, et hop des protéines végétales !

Plongez les raisins dans de l'eau tiède.

Faites revenir l'oignon émincé 2 minutes à feu vif dans une sauteuse avec un peu d'huile.

Ajoutez le potimarron coupé en morceaux (ce n'est pas la peine de l'éplucher) et 2 cuillerées à café de curry. Laissez cuire 5 minutes à feu moyen.

Incorporez les pois chiches et les raisins égouttés, le demi-cube de bouillon dilué dans 20 cl d'eau et du poivre, puis portez à ébullition. Couvrez et laissez mijoter une dizaine de minutes.

Pendant ce temps, préparez la semoule comme indiqué sur le paquet.

Hors du feu incorporez le yaourt, mélangez et servez chaud.

Le petit +

Vous pouvez faire ce curry avec une autre courge, par exemple la butternut, mais dans ce cas il faut l'éplucher !

Dessert

4 yaourts

Dîner

Fettuccine marinières

PRÉPARATION : 5 MINUTES • CUISSON : 10 MINUTES

* 400 g de pâtes fettuccine
* 300 g de moules décortiquées
* 2 échalotes
* 3 cuillerées à soupe de vin blanc
* 15 cl de crème liquide
* 1 cuillère à soupe de persil plat haché ou ciboulette
* Gingembre

Faites cuire les pâtes *al dente* dans de l'eau bouillante le temps indiqué.

Pendant ce temps, faites fondre les échalotes hachées dans un peu de beurre. Ajoutez la crème, une pincée de gingembre, le vin blanc et les moules. Laissez cuire 5 minutes à feu doux.

Salez, poivrez et saupoudrez le persil ciselé.

Versez sur les pâtes égouttées et salées et servez immédiatement.

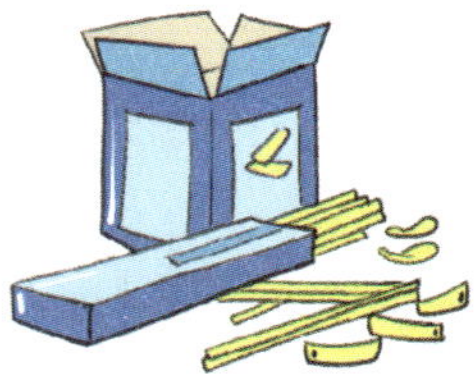

Le petit +

Très bon également avec d'autres coquillages ou des crevettes.

Dessert

Poire au chocolat chaud

PRÉPARATION : 5 MINUTES

* 4 poires
* 100 g de chocolat à cuire
* 20 g de beurre
* Quelques amandes effilées

Épluchez les poires et coupez-les en quartiers.

Faites fondre le chocolat et le beurre au bain-marie ou quelques secondes au micro-ondes.

Nappez les poires avec le chocolat.

Parsemez les amandes effilées et servez.

Pour les adeptes du chocolat au lait, ajoutez 1 bonne cuillerée à soupe de crème épaisse au chocolat fondu.

Mercredi

Déjeuner

Jambon et purée de panais

Préparation : 5 minutes • Cuisson : 20 minutes

- 800 g de panais
- 20 cl de lait entier
- 25 g de beurre
- Muscade
- 4 tranches de jambon blanc

Faites cuire les panais coupés en tronçons dans l'eau bouillante pendant une vingtaine de minutes.

Écrasez les panais égouttés à la fourchette ou au presse-purée.

Incorporez le lait chaud, le beurre et une pincée de muscade. Salez, poivrez et servez avec le jambon blanc.

Le petit +

Mixez le jambon au robot. Délicieusement régressif !
Pour les plus gros appétits, cuisez 4 pommes de terre épluchées avec les panais.

Dessert

Salade d'oranges

Préparation : 8 minutes

- 5 oranges
- 10 cl de jus d'orange
- Miel
- Cannelle en poudre

Épluchez les oranges puis coupez-les en tranches fines.

Ajoutez le jus d'orange, une cuillerée à soupe de miel et une pincée de cannelle.

Servez bien frais.

Vous pouvez ajouter un peu de rhum si vous le souhaitez.

Dîner

Feuilleté normand

Préparation : 8 minutes

- 1 pâte feuilletée
- 1 camembert
- 2 pommes
- 1 jaune d'œuf
- Muscade
- Mesclun

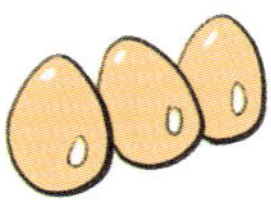

Préchauffez votre four à 180 °C.

Si vous préférez, enlevez la croûte du camembert. Ensuite coupez-le en 16.

Coupez les pommes épluchées en 16 lamelles.

Coupez la pâte en quarts.

Sur la moitié de chaque part de pâte, disposez en alternance 4 lamelles de pomme et 4 morceaux de camembert. Saupoudrez un peu de muscade et de poivre.

Repliez chaque pâte pour former les feuilletés et soudez les bords à la main.

Badigeonnez chaque feuilleté de jaune d'œuf mélangé à un peu de lait.

Enfournez pour 20 minutes.

Servez accompagné d'un mesclun de salade.

Le petit +

Vous pouvez remplacer la pâte par des feuilles de brick, la cuisson sera 2 fois plus rapide mais ce sera moins rassasiant. Variez les plaisirs en ajoutant des pignons, des noix concassées, du curry ou du miel.

Dessert

Crème au caramel au beurre salé

Préparation : 5 minutes • Cuisson : 1 minute • Temps de réfrigération : 1 heure

- 50 g de beurre salé
- 50 cl de lait
- 200 g de sucre roux
- 1 g d'agar-agar

Mélangez le sucre à 1 cuillerée à soupe d'eau puis portez à ébullition sans remuer jusqu'à ce qu'il caramélise légèrement.

•••/•••

Hors du feu, ajoutez le beurre en morceaux puis le lait.

Ajoutez l'agar-agar puis portez à ébullition pendant 1 minute sans cesser de remuer.

Versez dans des ramequins, laissez prendre au frais.

Jeudi

Déjeuner

Salade tiède de lentilles aux lardons

PRÉPARATION : 5 MINUTES • CUISSON : 25 MINUTES

* 300 g de lentilles vertes du Puy
* 200 g d'allumettes de lardons fumés
* 2 échalotes
* ½ citron

Faites cuire les lentilles *al dente* dans l'eau bouillante (environ 25 minutes).

Pendant ce temps, émincez les échalotes et réservez-les.

Faites doucement revenir les lardons.

Dans un saladier, mélangez 1 cuillerée à café de moutarde, 1 cuillerée à soupe de jus de citron, du sel, du poivre et 3 cuillerées à soupe d'huile.

Ajoutez les lentilles chaudes bien égouttées, les échalotes et les lardons.

Mélangez et servez aussitôt.

Dessert

4 yaourts

Dîner

Œuf cocotte forestier

PRÉPARATION : 5 MINUTES • CUISSON : 5 MINUTES

* 4 champignons
* 4 œufs
* 20 cl de crème fraîche semi-épaisse
* 60 g de gruyère râpé
* Ail en semoule
* Persil
* Pain de campagne
* Mâche

Dans une poêle, faites revenir les champignons émincés à feu vif avec un peu de beurre. Lorsqu'ils sont dorés, ajoutez un peu d'ail en semoule et le persil haché.

Versez une cuillerée à café de crème dans le fond de chaque ramequin.

Cassez un œuf par-dessus et percez le jaune, salez et poivrez.

Déposez ensuite les champignons et ajoutez le reste de crème fraîche.

Recouvrez de gruyère râpé.

Couvrez les ramequins de film alimentaire et faites cuire au four à micro-ondes pendant 45 secondes.

Si c'est insuffisant, recommencez par tranches de 20 secondes.

Servez immédiatement accompagné de mouillettes de pain de campagne et de salade de mâche.

Le petit +

La cuisson traditionnelle se fait au bain-marie pendant 8 minutes. Pour cela, il faut préchauffer le four à 210 °C avec un plat rempli d'eau.

Dessert

Compote et bouchées aux marrons

PRÉPARATION : 3 MINUTES • CUISSON : 15 MINUTES

- 400 g de compote pomme-coing
- 2 œufs
- 300 g de crème de marron
- 50 g de beurre
- 10 g de farine

Préchauffez votre four à 180 °C.

Mélangez le beurre fondu, la crème de marron, les œufs et la farine.

Versez dans des petits moules en silicone et enfournez pour 15 minutes.

Servez la compote accompagnée des bouchées aux marrons.

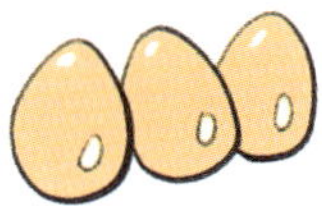

Le petit +

Pour une compote maison : épluchez 4 coings et 4 pommes, coupez-les en morceaux et portez-les à ébullition avec 2 cuillerées à soupe d'eau, 1 cuillerée à soupe de miel et une pincée de cannelle. Laissez compoter à couvert une vingtaine de minutes. Mixez plus ou moins selon la consistance que vous souhaitez.

Profitez-en pour préparer une pâte de coing. Dans ce cas, ajoutez 2 coings et 2 pommes à la recette. Prenez un tiers de la compote, ajoutez-y le jus d'un citron, 400 g de sucre roux et faites recuire à feu doux 15 minutes. Ajoutez 1 g d'agar-agar et laissez frémir 1 minute. Versez dans un moule carré et laissez prendre au frais.

Vendredi

Déjeuner

Marmite de bonite

PRÉPARATION : 8 MINUTES • CUISSON : 20 MINUTES

- 800 g de pélamide bonite ou thon blanc sans la peau
- 800 g de pommes de terre à chair ferme
- 400 g de tomates pelées concassées
- 10 cl de vin blanc sec
- 1 oignon
- Herbes de Provence
- Persil

Émincez l'oignon. Épluchez les pommes de terre, coupez-les en rondelles épaisses et réservez.

Découpez le poisson en 8 morceaux puis faites-les dorer quelques minutes dans une cocotte en fonte avec un peu d'huile. Saupoudrez les herbes de Provence et du poivre, puis mouillez avec le vin blanc.

Ajoutez les tomates concassées puis leww pommes de terre et l'oignon émincé.

Portez à ébullition puis laissez cuire à feu très doux, à couvert pendant 20 minutes sans soulever le couvercle.

Parsemez du persil ciselé, salez et servez.

Le petit +

Ajoutez un filet de sauce soja pour relever le goût.

Dessert

Tarte tatin facile

PRÉPARATION : 10 MINUTES • CUISSON : 30 MINUTES

- 8 pommes
- 1 pâte brisée
- 200 g de sucre roux
- 100 g de beurre salé
- 1 citron

Préchauffez votre four à 210 °C.

Épluchez les pommes et coupez-les en quartiers.

Dans une casserole, mélangez le sucre et le jus de citron. Laissez caraméliser à feu doux pendant 5 minutes sans remuer puis incorporez le beurre en dés.

•••/•••

Versez le caramel au fond d'un plat à tarte.

Disposez les pommes bien serrées, dos au caramel, puis recouvrez avec la pâte en la rabattant bien à l'intérieur du moule et faites un petit trou au centre.

Enfournez pour 25 minutes dans le bas du four.

Laissez tiédir avant de démouler la tarte en la retournant.

Servez-la tiède ou froide accompagnée de glace à la vanille ou de crème fraîche.

Dîner

Cake au chèvre

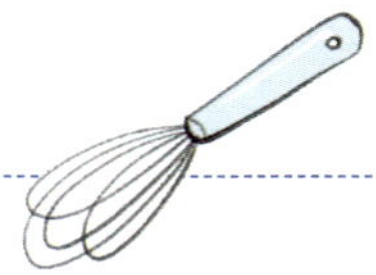

PRÉPARATION : 5 MINUTES • CUISSON : 40 MINUTES

- 150 g de farine
- 3 œufs
- ½ sachet de levure
- 15 cl de lait entier
- 100 g de comté râpé
- 200 g de bûche de chèvre
- 70 g de cerneaux de noix
- 50 g de raisins secs
- 1 cuillerée à soupe de miel liquide
- 1 salade chicorée

Préchauffez votre four à 180 °C.

Faites tremper les raisins dans de l'eau tiède.

Dans un saladier, fouettez les œufs puis ajoutez la farine, la levure, 4 cuillerées à soupe d'huile d'olive, le comté, le sel et le poivre.

Incorporez ensuite le lait chaud mélangé au miel.

Ajoutez enfin le chèvre en morceaux, les noix grossièrement concassées et les raisins égouttés.

Mélangez bien puis versez dans un moule à cake et enfournez pour 40 minutes.

Servez avec une chicorée assaisonnée avec de la moutarde, du vinaigre de cidre, de l'huile de noix et une cuillerée à café de miel.

Le petit +

Essayez également avec de petits morceaux de poire, des oignons revenus à la poêle ou un peu de roquefort.

Dessert

4 yaourts

Samedi

Déjeuner

Entrée

Potiron râpé

PRÉPARATION : 5 MINUTES

- 800 g de potiron
- Huile de noix ou de noisette
- Vinaigre de cidre
- Muscade

Râpez le potiron cru et assaisonnez-le avec 1 cuillerée de vinaigre, 3 d'huile, du sel, du poivre et une pincée de muscade.

Servez frais.

Plat

Omelette aux cèpes

PRÉPARATION : 10 MINUTES • CUISSON : 10 MINUTES

- 8 œufs
- 500 g de cèpes (ou de girolles)
- Persil
- 1 gousse d'ail
- 1 salade scarole
- Croûtons ail et fines herbes

Nettoyez les cèpes mais sans les laver et enlevez les pieds. Émincez les chapeaux en tranches.

Saisissez-les dans une poêle à feu très vif avec un peu d'huile. Ajoutez l'ail et le persil hachés et laissez cuire à feu doux pendant 5 minutes.

Dans un saladier, battez les œufs, salez et poivrez.

Remontez le feu, versez les œufs sur les cèpes, mélangez puis laissez cuire à feu doux.

Servez avec une scarole aux croûtons.

Le petit +

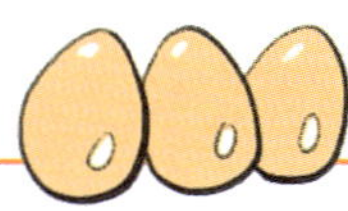

Vous pouvez garder les pieds pour préparer un velouté.

Dessert

Mousse de fromage blanc et dattes

PRÉPARATION : 10 MINUTES • TEMPS DE RÉFRIGÉRATION : 20 MINUTES

- 8 dattes
- 200 g de fromage blanc
- 20 cl de crème liquide entière bien froide (ou au moins avec 35 % de MG mais surtout pas allégée)
- 30 g de sucre glace

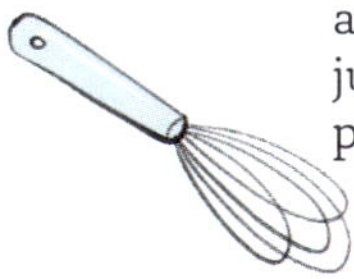

Placez un saladier (de préférence haut et en inox), les fouets et la crème fraîche au congélateur pendant 20 minutes (le secret d'une chantilly bien prise !).

Pendant ce temps, dénoyautez les dattes et coupez-les en petits morceaux.

Montez la chantilly dans le saladier froid avec un batteur électrique, en tournant bien pour incorporer de l'air dans la crème.

Au bout d'une minute, ajoutez le sucre glace et continuez à fouetter environ 5 minutes (10 au fouet à la main) en augmentant la vitesse, jusqu'à obtenir une crème bien ferme (une pointe se forme dès que vous ressortez le fouet, elle devient mate et ne doit pas tomber si vous retournez le récipient).

Incorporez délicatement au fromage blanc.

Répartissez dans des coupes et parsemez les morceaux de dattes.

Servez bien frais.

Dîner

Pizza toute simple

Préparation : 10 minutes • Temps de réfrigération : 20 minutes

- 1 pâte à pizza
- 200 g de champignons de Paris émincés en boîte
- 150 g de concentré de tomate
- 200 g de mozzarella
- 100 g de fromage frais à l'ail et aux fines herbes
- Herbes de Provence
- Olives noires
- 1 laitue

Étalez la pâte sur une plaque de four 15 minutes avant. Préchauffez votre four à 200 °C.

Étalez le concentré de tomate sur la pâte. Disposez les champignons rincés et bien égouttés, le fromage frais émietté puis la mozzarella en tranches.

Ajoutez quelques olives et les herbes de Provence, et enfournez pour 15 minutes.

Servez avec une laitue.

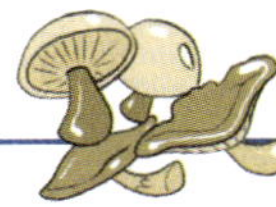

Le petit +

Choisissez des champignons de Paris frais : émincez-les et faites-les revenir à feu vif quelques minutes puis ajoutez le fromage frais à l'ail et faites-le fondre à feu doux.
Pour faire vous-même la pâte à pizza, retrouvez la recette page 17.

Dessert

Sorbet à la poire

Préparation : 5 minutes • Temps de réfrigération : 5 heures

- 800 g de poires
- 100 g de sucre glace
- 1 citron

La veille ou quelques heures avant le repas : épluchez et épépinez les poires. Coupez-les en morceaux et placez-les au congélateur.

Sortez les poires du congélateur une dizaine de minutes avant le dessert.

Au dernier moment, mixez les poires, le jus de citron et le sucre. Servez aussitôt.

Le petit +

Ajoutez un peu de crème liquide bien froide dans le blender.

Dimanche

Déjeuner

Entrée

Salade de chou rouge

Préparation : 5 minutes

- ¼ de chou rouge
- Huile de noix
- Moutarde
- Vinaigre de cidre

Émincez le chou.

Assaisonnez-le avec une cuillerée à café de moutarde, 1 cuillerée à soupe de vinaigre, du sel, du poivre et 3 cuillerées à soupe d'huile.

Le petit +

Ajoutez quelques cerneaux de noix.

Plat

Poularde aux pruneaux et aux marrons

Préparation : 5 minutes • Cuisson : 1 h 10

- 1 poularde de 1,2 kg
- 400 g de marrons entiers cuits
- 2 oignons
- 16 pruneaux
- Muscade
- Cannelle

Préchauffez votre four à 180 °C.

Placez la poularde dans un grand plat allant au four, salez, poivrez et ajoutez de la muscade et de la cannelle. Disposez les oignons entiers épluchés autour.

Versez ½ verre d'eau, arrosez d'un filet d'huile d'olive et enfournez pour 1 h 10.

Arrosez régulièrement avec le jus de cuisson.

Pendant ce temps, faites tremper les pruneaux dans un mélange d'eau et de cognac, et les marrons dans du lait chaud.

•••/•••

En fin de cuisson, placez les pruneaux et les marrons égouttés autour de la poularde et laissez cuire encore une dizaine de minutes.

Le petit +

Vous pouvez remplacer la poularde par du chapon, la cuisson sera légèrement plus courte.

Dessert

Charlotte aux noix

PRÉPARATION : 8 MINUTES • TEMPS DE RÉFRIGÉRATION : 1 HEURE

* 150 g de cerneaux de noix
* 120 g de sucre roux
* 150 g de beurre à température ambiante
* 20 biscuits à la cuillère
* 3 cuillerées à soupe de lait
* 1 bol de café fort
* Rhum

Mixez 5 biscuits avec les noix et le lait sans réduire les noix en poudre.

Travaillez le beurre en pommade avec le batteur électrique puis incorporez le sucre.

Mélangez puis ajoutez quelques gouttes de rhum.

Trempez brièvement les biscuits restant dans du café fort, du côté plat uniquement, puis tapissez un moule à charlotte avec les biscuits, côté bombé et sucré contre le bord du moule.

Versez la moitié de la crème aux noix, recouvrez d'une couche de biscuits puis versez le reste de crème. Placez un film alimentaire par-dessus et réservez au réfrigérateur pour 1 heure au moins.

Démoulez avant de servir.

Le petit +

Nappez de chocolat fondu ou de cacao amer en poudre.
La version express : préparez juste la crème aux noix en doublant le nombre de biscuits, versez dans un petit moule tapissé de papier sulfurisé, tassez bien et placez au frais.

Dîner

Soupe de potiron

PRÉPARATION : 8 MINUTES • CUISSON : 25 MINUTES

* 1 kg de potiron
* 1 pomme de terre
* 2 oignons
* 150 g de lentilles corail
* 5 cl de crème de soja pour la cuisine
* Paprika
* Croûtons
* 200 g de saint-nectaire

Lavez, épluchez et coupez les légumes.

Rincez les lentilles.

Mettez tous les ingrédients dans une casserole et recouvrez d'eau.

Faites cuire 25 minutes à feu moyen.

Mixez puis ajoutez la crème de soja, du sel, du poivre et une pincée de paprika.

Servez avec des croûtons et un morceau de saint-nectaire.

Pour varier, remplacez les lentilles par des marrons cuits.

Dessert

Poire et tuiles aux amandes

PRÉPARATION : 5 MINUTES • CUISSON : 8 MINUTES

* 30 g de farine
* 80 g de sucre en poudre
* 2 blancs d'œufs
* 35 g de beurre
* 60 g d'amandes effilées
* 4 poires

Préchauffez votre four à 160 °C.

Mélangez au fouet les blancs d'œufs et le sucre puis incorporez la farine, le beurre fondu et les amandes.

Sur une plaque recouverte de papier sulfurisé, déposez des petits tas de pâte (l'équivalent d'une cuillerée à café) bien espacés car la pâte va s'étaler en cuisant.

Enfournez pour environ 8 minutes. Sortez-les du four dès que les bords sont bien dorés.

Laissez refroidir les tuiles sur un rouleau à pâtisserie pour leur donner une forme convexe.

Servez des poires en accompagnement.

Votre liste de courses pour la Semaine 1 de l'automne

Légumes

- 1 potimarron
- 1,8 kg de potiron
- 800 g de panais
- 500 g de cèpes
- 4 gros champignons de Paris
- 1 kg de pommes de terre
- ¼ de chou rouge
- 1 mesclun de salade
- 1 laitue
- 2 mâches
- 1 scarole
- 1 chicorée
- 6 oignons
- 3 gousses d'ail
- 4 échalotes
- 2 bouquets de persil
- Quelques brins d'aneth

Crémerie/Frais

- 55 cl de lait
- 35 cl de lait entier
- 25 g + 255 g de beurre
- 150 g de beurre salé
- 20 cl de crème liquide entière
- 35 cl de crème liquide légère
- 5 cl de crème de soja cuisine
- 30 cl + 200 g de fromage blanc
- 400 g de faisselle
- 12 yaourts
- 1 yaourt velouté
- 19 + 4 œufs
- 1 + 1 pâtes brisées
- 1 pâte feuilletée
- 1 pâte à pizza
- 60 g de gruyère râpé
- 200 g de comté râpé
- 200 g de saint-nectaire
- 1 camembert
- 200 g de mozzarella
- 200 g de bûche de chèvre
- 100 g de fromage frais ail & herbes (Boursin®)

Surgelé

- 450 g de fondue de poireaux

Charcuterie

- 200 g d'allumettes de lardons fumés
- 4 tranches de jambon blanc

En rose sont indiquées les quantités qui concernent les desserts.

Votre liste de courses pour la Semaine 1 de l'automne

Fruits

- 500 g de raisin de table
- 2 kg de poires
- 2 + 8 pommes
- 5 oranges
- 4 figues
- ½ + 3 citrons
- 120 g de raisins secs
- 16 pruneaux
- 8 dattes
- 70 g + 150 g de cerneaux de noix
- 80 g d'amandes effilées
- 50 g de pistaches émondées
- 50 g de cacahuètes

Épicerie

- 300 g de lentilles vertes du puy
- 150 g de lentilles corail
- 200 g de pois chiches cuits
- 250 g de semoule
- 400 g de pâtes fettucine
- 200 g de champignons émincés
- 400 g de marrons entiers cuits
- 400 g de tomates pelées concassées
- 150 g de concentré de tomates
- 10 olives noires
- 150 g + 40 g de farine
- 1 g d'agar-agar
- ½ cube de bouillon de légumes
- 1 sachet de levure
- 600 g de sucre roux (fin)
- 130 g de sucre glace
- 100 g de chocolat à cuire
- 1 c. à s. de miel liquide
- 20 biscuits à la cuiller
- 400 g de compote pomme-coing
- 300 g de crème de marrons
- 10 cl de jus d'orange
- 2 sachets de croûtons à l'ail
- 4 tranches de pain de campagne
- 15 cl de vin blanc sec
- Café pour un bol fort
- 2 cl de cognac
- 2 cl de rhum

Poissonnerie

- 500 g de filets de lieu noir
- 300 g de moules décortiquées
- 800 g de pélamide ou thon blanc

Boucherie

- 1 poularde (ou chapon)

Et n'oubliez pas de compléter votre fonds de maison (voir page 13) si nécessaire…

AUTOMNE

Semaine 2

Menus	Déjeuners	Dîners
Lundi		
Plats	Rouget poêlé et purée de céleri	Tourte aux bolets
Desserts	Soupe de raisin à la verveine	Faisselle à la gelée de coing
Mardi		
Plats	Burgers végétariens	Penne sauce aux noix
Desserts	Yaourt	Poire au Salidou
Mercredi		
Plats	Soupe thaï au lait de coco	Courge spaghetti à la carbonara
Desserts	Mandarine	Chantilly au marron
Jeudi		
Plats	Petit épeautre en risotto	Croquant aux légumes anciens
Desserts	Yaourt	Figue rôtie
Vendredi		
Plats	Bar en papillote	Croque-aubergine
Desserts	Crumble d'avoine aux poires	Yaourt
Samedi		
Entrées	Salade de fenouil, pomme et raisin	
Plats	Quiche sans pâte	Potimarron surprise
Desserts	Fromage blanc aux morceaux de poires	Milk-shake de lait d'amande au chocolat
Dimanche		
Entrées	Mesclun aux figues et aux pignons	
Plats	Choucroute chasseur	Soupe de topinambours
Desserts	Tarte au citron magique	Raisin et mendiants au chocolat

Lundi

Déjeuner

Rouget poêlé et purée de céleri

PRÉPARATION : 3 MINUTES • CUISSON : 3 MINUTES

- 800 g de filets de rouget-barbet écaillés et levés
- 500 g de purée de céleri surgelée
- Fleur de sel
- Baies roses

Réchauffez la purée de céleri comme indiqué sur le paquet. Ajoutez une noix de beurre, du sel et du poivre.

Saisissez les filets, du côté de la peau, dans une poêle chaude huilée. Laissez cuire 2 à 3 minutes à feu moyen.

Saupoudrez la fleur de sel, le poivre et les baies roses.

Retournez les filets puis éteignez le feu.

Servez aussitôt avec un filet d'huile de noisette et accompagné de la purée de céleri.

Le petit +

La purée maison, c'est toujours meilleur : épluchez 300 g de céleri-rave et 300 g de pommes de terre, puis coupez-les en morceaux. Couvrez d'eau et faites cuire à feu moyen 25 minutes. Mixez les légumes égouttés avec 20 cl de lait chaud, du sel, du poivre et de la muscade et 2 cuillerées à soupe d'huile d'olive.

Dessert

Soupe de raisin à la verveine

Préparation : 12 minutes • Temps de réfrigération : 15 minutes

- 80 cl de jus de raisin
- 400 g de raisin
- 3 sachets d'infusion de verveine

Faites chauffer le jus puis laissez infuser les sachets de verveine dedans pendant 10 minutes.

Pendant ce temps, rincez et séparez les raisins.

Enlevez les sachets de verveine puis versez le jus sur les raisins.

Réservez au frais.

Le petit +

Avant de servir, poêlez à sec 50 g d'amandes effilées et parsemez sur la soupe.
Si vous ajoutez 2 g d'agar-agar au jus et faites bouillir en remuant pendant une minute, vous obtiendrez une gelée de raisin. Amusant aussi !
Et, pour les adultes, ajoutez une lampée de vin blanc.

Dîner

Tourte aux bolets

Préparation : 8 minutes • Cuisson : 40 minutes

- 800 g de bolets ou autres champignons des bois
- 2 pâtes feuilletées
- 40 g de crème fraîche épaisse
- 1 jaune d'œuf
- Lait
- Ail en semoule

Préchauffez votre four à 180 °C.

Essuyez et découpez les bolets en lamelles.

Faites-les revenir à feu vif dans une poêle avec un peu d'huile, 10 minutes, jusqu'à évaporation du jus. Ajoutez une bonne pincée d'ail semoule.

Hors du feu, mélangez les champignons avec la crème, 1 cuillerée de moutarde, du sel et du poivre.

•••/•••

- 1 mesclun de salade

Étalez une pâte feuilletée sur une plaque recouverte de papier sulfurisé. Versez la préparation puis recouvrez avec l'autre pâte. Scellez bien les bords des deux pâtes ensemble avec du lait.

Badigeonnez la tourte avec un mélange de jaune d'œuf et de lait et faites un petit trou au centre.

Enfournez pour 30 minutes.

Servez avec la salade.

Le petit +

Dans la poêle, ajoutez 10 cl de vin blanc aux champignons en fin de cuisson.

Dessert

Faisselle à la gelée de coing

PRÉPARATION : 3 MINUTES

- 400 g de faisselle
- 5 cuillerées à soupe de gelée de coing

Faites fondre la gelée de coing avec 2 cuillerées à soupe d'eau.

Répartissez la faisselle dans 4 ramequins puis nappez de coulis de gelée de coing au moment de servir.

Le petit +

Pour faire sa gelée maison (environ 6 pots) : coupez 1 kg de coings en morceaux sans les éplucher ni les épépiner. Dans une cocotte-minute, versez un litre d'eau dans le fond et placez les fruits dans le panier. Laissez cuire 15 minutes à partir du sifflement de la soupape. Versez l'eau du fond de la cocotte dans un récipient puis pressez les fruits au-dessus dans un torchon ou une passoire. Passez ce jus au chinois puis pesez-le. Ajoutez le sucre (500 g pour 1 litre de jus) et 3 g d'agar-agar. Mélangez bien puis remettez sur le feu et portez à ébullition 1 minute sans cesser de remuer. Remplissez les pots stérilisés, fermez-les et laissez-les refroidir la tête en bas.

Mardi

Déjeuner

Burgers végétariens

PRÉPARATION : 8 MINUTES • CUISSON : 6 MINUTES

- 120 g de pois chiches cuits (poids égouttés)
- 120 g de haricots rouges cuits (poids égouttés)
- 50 g de flocons d'avoine
- 50 g de chapelure
- 1 œuf
- Persil
- 1 cuillerée à soupe de mélange d'épices (curcuma, cumin, paprika, piment doux)
- Ketchup
- 4 pains à hamburger
- 2 tomates
- 4 tranches de cheddar
- 1 cornichon à la russe
- 1 scarole

Acceptés par les ados !

Mouillez les flocons d'avoine avec un peu d'eau.

Mixez grossièrement les pois chiches, les haricots, l'œuf et le persil. Ajoutez les épices, les flocons d'avoine, la chapelure, 2 cuillerées à soupe de ketchup, du sel et du poivre. Mélangez à la main.

Avec les mains farinées, façonnez 4 steaks bien compacts et saisissez-les dans une poêle bien chaude avec de l'huile d'olive. Laissez dorer 3 minutes puis retournez délicatement les steaks pour cuire l'autre face.

Garnissez vos pains à hamburger avec les steaks, des tranches de tomates, de cornichons, de cheddar, de la salade et la sauce de votre choix (ketchup, moutarde, etc.).

Servez accompagné d'une salade.

Le petit +

Ajoutez à la recette du steak un oignon et une carotte mixés et cuits à la poêle. Pour façonner des steaks parfaits, formez un rouleau bien compact du diamètre d'un steak haché. Entourez-le de film étirable et placez-le au réfrigérateur une demi-heure. Ensuite, découpez 4 tranches avec un couteau long.

Dessert

4 yaourts

Dîner

Penne sauce aux noix

PRÉPARATION : 3 MINUTES • CUISSON : ENVIRON 8 MINUTES

- 400 g de penne
- 80 g de cerneaux de noix
- 3 cuillerées à soupe d'huile de noix
- Ail en semoule
- 130 g de comté râpé

Faites cuire les pâtes *al dente*.

Pendant ce temps, mixez les cerneaux de noix avec l'huile, l'ail en semoule et une pincée de sel.

Égouttez les pâtes. Versez dessus la sauce aux noix et le comté râpé.

Servez aussitôt.

Le petit +

Ajoutez des petits cubes de roquefort au moment de servir.

Dessert

Poires au Salidou

PRÉPARATION : 5 MINUTES

- 4 cuillerées à soupe de caramel au beurre salé (Salidou)
- 2 poires
- 4 biscuits (sablés, cookies...)

Épluchez et coupez les poires en quartiers. Disposez-les dans 4 assiettes à dessert.

Versez un filet de Salidou et les biscuits émiettés dessus.

Servez aussitôt.

Le petit +

Pour préparer votre caramel au beurre salé ou Salidou, retrouvez la recette page 18.
Vous pouvez coucher les poires sur un lit de petit-suisse nature.

Mercredi

Déjeuner

Soupe thaï au lait de coco

PRÉPARATION : 8 MINUTES • CUISSON : 20 MINUTES

- 200 g de vermicelles de riz
- 2 blancs de poulet
- 40 cl de lait de coco
- ½ cube de bouillon de volaille
- 1 oignon
- Gingembre en poudre
- Piment de Cayenne
- Coriandre
- 2 tiges de citronnelle
- 1 citron vert
- Sauce soja

Découpez le poulet en lanières et faites-le mariner dans la sauce soja.

Émincez l'oignon.

Portez le bouillon dilué dans 60 cl d'eau à ébullition. Ajoutez l'oignon émincé, une cuillerée à café de gingembre, une cuillerée à café de coriandre, les tiges de citronnelle coupées en deux dans la longueur, une pincée de piment et laissez cuire doucement 10 minutes.

Ajoutez le poulet. Laissez cuire 5 minutes à feu moyen.

Ajoutez le lait de coco et les vermicelles de riz.

Chauffez doucement 5 minutes mais surtout sans faire bouillir. Salez et poivrez.

Versez un filet de jus de citron vert et servez bien chaud.

Le petit +

Ajoutez 4 gros champignons de Paris coupés en quartiers à la cuisson, en même temps que le poulet. Vous pouvez ajouter également des carottes émincées dès le début de la cuisson. Encore meilleur avec du gingembre frais en lamelles.

Dessert

8 mandarines

Dîner

Courge spaghetti à la carbonara

PRÉPARATION : 5 MINUTES • CUISSON : 10 MINUTES

* 1 courge spaghetti
* 250 g de lardons
* 25 cl de crème de soja pour la cuisine
* 80 g de parmesan râpé

Faites cuire la courge dans le panier de la cocotte-minute avec un fond d'eau pendant 8 minutes à partir du sifflement.

Vous pouvez également la faire cuire au micro-ondes pendant 10 minutes mais, dans ce cas, pensez à faire quelques trous dans la courge.

Pendant ce temps, faites revenir les lardons à la poêle puis ajoutez la crème, le sel et le poivre. Chauffez à feu très doux.

Coupez la courge cuite en deux puis, avec une fourchette, grattez la chair (les filaments ressemblent à des spaghetti) puis mélangez-la à la sauce carbonara.

Saupoudrez le parmesan et servez aussitôt.

Dessert

Chantilly au marron

PRÉPARATION : 8 MINUTES • TEMPS DE RÉFRIGÉRATION : 20 MINUTES

* 180 g de crème de marron ou confiture de châtaigne
* 40 cl de crème liquide entière bien froide (ou au moins avec 35 % de MG mais surtout pas allégée)

Placez un saladier (de préférence haut et en inox), les fouets et la crème fraîche au congélateur pendant 20 minutes (le secret d'une chantilly bien prise !).

Montez la chantilly dans le saladier froid avec un batteur électrique, en tournant bien pour incorporer de l'air dans la crème environ 5 minutes (10 au fouet à la main) en augmentant la vitesse, jusqu'à obtenir une crème bien ferme (une pointe se forme dès que vous ressortez le fouet, elle devient mate et ne doit pas tomber si vous retournez le récipient).

•••/•••

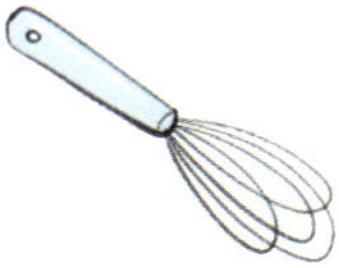

Dans un saladier, versez la crème de marron ou la confiture de châtaigne, puis incorporez la crème fouettée petit à petit. Répartissez la mousse dans des ramequins et réservez au frais.

Le petit +

Ajoutez quelques gouttes de rhum à la crème de marron.

Jeudi

Déjeuner

Petit épeautre en risotto

PRÉPARATION : 5 MINUTES • CUISSON : 15 MINUTES

- 300 g de petit épeautre*
- 400 g de champignons des bois ou de Paris
- ½ cube de bouillon aux herbes
- 2 échalotes
- 20 cl de crème de soja pour la cuisine
- Ail en semoule

Rincez le petit épeautre.

Émincez les échalotes et les champignons.

Portez à ébullition le demi-cube dilué dans 1 litre d'eau puis laissez mijoter à feu très doux.

Dans une cocotte-minute, faites fondre les échalotes émincées dans un peu d'huile d'olive à feu doux pendant 5 minutes.

Ajoutez le petit épeautre, laissez-le dorer deux minutes puis versez la totalité du bouillon chaud et refermez la cocotte.

Portez à ébullition et laissez cuire 10 minutes à partir du sifflement.

•••/•••

Pendant ce temps, faites sauter les champignons à la poêle quelques minutes, saupoudrez un peu d'ail semoule.

Hors du feu, mélangez le petit épeautre, les champignons et la crème.

* Le petit épeautre est du blé ancien vendu le plus souvent au rayon bio. Vous pouvez le remplacer par du blé à cuisiner Ebly® plus rapide à cuire.

Le petit +

Ajoutez 10 cl de vin blanc avant le bouillon.

Dessert

4 yaourts

Dîner

Croquant aux légumes anciens

PRÉPARATION : 8 MINUTES • CUISSON : 30 MINUTES

- 1 fenouil
- 2 panais
- 1 oignon
- 100 g de beurre demi-sel
- 50 g de farine
- 100 g de pignons de pin
- 50 g de chapelure

Préchauffez votre four à 200 °C.

Hachez grossièrement le fenouil, les panais et l'oignon épluché dans un robot puis faites-les fondre dix minutes dans une sauteuse avec un peu d'huile et du sel.

Pendant ce temps, dans un saladier, mélangez du bout des doigts le beurre, la farine, la chapelure et les pignons de pin.

Versez les légumes dans le fond d'un plat à gratin beurré et émiettez par-dessus la pâte à crumble.

Enfournez pour 20 minutes. Servez chaud.

Dessert

Figue rôtie

PRÉPARATION : 3 MINUTES • CUISSON : 10 MINUTES

- 6 figues
- 30 g de beurre
- Cassonade
- Cannelle en poudre

Préchauffez votre four à 200 °C.

Coupez les figues en quartiers.

Déposez-les dans un plat à gratin puis saupoudrez un peu de cassonade, de cannelle et parsemez des noisettes de beurre.

Enfournez pour 10 minutes.

Servez les figues tièdes.

Vendredi

Déjeuner

Bar en papillote

PRÉPARATION : 8 MINUTES • CUISSON : 20 MINUTES

- 4 filets de bar
- 250 g de boulgour
- 10 cl de bouillon de légumes (soit ¼ de cube)
- 400 g de tomates pelées concassées
- ½ citron
- 1 échalote
- Herbes de Provence

Préchauffez votre four à 210 °C.

Préparez une grande papillote de papier aluminium et déposez dessus le boulgour mélangé au bouillon et à un filet d'huile d'olive (sans le faire cuire préalablement).

Disposez les tomates concassées puis les filets de bar au-dessus, les uns à côté des autres sans les superposer, et parsemez les échalotes ciselées, du sel, du poivre, le jus du citron et un filet d'huile d'olive. Vous pouvez ajouter 5 cl de vin blanc.

Refermez bien la papillote et enfournez pour 20 minutes.

Dessert

Crumble d'avoine aux poires

PRÉPARATION : 5 MINUTES • CUISSON : 25 MINUTES

* 5 poires
* 100 g de farine
* 50 g de flocons d'avoine
* 50 g de poudre d'amandes (ou de noisettes)
* 80 g de beurre à température ambiante
* 100 g de sucre roux

Préchauffez votre four à 180 °C.

Épluchez les poires, coupez-les en morceaux et disposez-les dans un plat à gratin.

Dans un saladier, mélangez du bout des doigts la farine, les flocons d'avoine, la poudre d'amande, le beurre coupé en dés et le sucre jusqu'à l'obtention d'une pâte sableuse.

Émiettez la pâte à crumble sur les poires.

Enfournez pour 25 minutes. Servez tiède.

Le petit +

Râpez 100 g de chocolat à cuire au-dessus des poires.

Dîner

Croque-aubergine

PRÉPARATION : 5 MINUTES • CUISSON : 10 MINUTES

* 2 grandes aubergines
* 2 tranches de jambon blanc
* 100 g de gruyère râpé
* Lait
* Mâche
* 15 cerneaux de noix
* Croûtons

Préchauffez votre four à 180 °C.

Coupez les aubergines en tranches de 1 cm d'épaisseur, dans le sens de la longueur.

Étalez les tranches sur une plaque recouverte de papier sulfurisé. Badigeonnez les tranches de lait puis de moutarde.

Déposez sur chacune un peu de jambon blanc, puis recouvrez de gruyère râpé.

Enfournez pour 10 minutes.

Servez accompagné d'une salade de mâche aux noix et aux croûtons.

•••/•••

Le petit +

Pour varier, remplacez le gruyère par de la mozzarella et ajoutez une tomate en tranches.

Dessert

4 yaourts

Samedi

Déjeuner

Entrée

Salade de fenouil, pomme et raisin

PRÉPARATION : 5 MINUTES

* 1 fenouil
* 2 pommes
* Quelques grains de raisin noir
* 1 citron

Émincez très finement le fenouil et les pommes épluchées séparément. Versez un filet de jus de citron sur les pommes.

Dans un saladier, mélangez 1 cuillerée à café de moutarde, 2 cuillerées à soupe d'huile de noix, du gomasio et du poivre.

Ajoutez le fenouil, les pommes et les grains de raisin.

Mélangez et servez frais.

Plat

Quiche sans pâte

PRÉPARATION : 5 MINUTES • CUISSON : 30 MINUTES

* 4 œufs
* 60 g de Maïzena®
* 80 cl de lait
* 100 g de gruyère râpé
* 100 g d'allumettes de lardons fumés

Préchauffez votre four à 210 °C.

Battez les œufs en omelette.

Ajoutez la Maïzena® diluée dans une cuillerée d'eau, le lait, les lardons et le gruyère. Salez et poivrez.

Versez dans un moule à tarte beurré et enfournez pour 30 minutes.

Servez chaud ou froid.

Dessert

Fromage blanc aux morceaux de poires

PRÉPARATION : 3 MINUTES

* 400 g de fromage blanc
* 2 poires
* Miel liquide

Épluchez et coupez les poires en dés.

Versez le fromage blanc dans 4 ramequins, déposez les morceaux de poires au-dessus et versez un filet de miel.

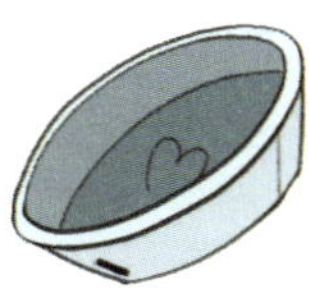

Dîner

Potimarron surprise

PRÉPARATION : 5 MINUTES • CUISSON : AU MOINS 40 MINUTES

- 4 petits potimarrons ou 1 grand potimarron
- 1 œuf
- 40 cl de crème liquide légère
- 3 tranches de jambon blanc
- 200 g de comté râpé

Ma recette de sorcière !

Préchauffez votre four à 180 °C.

Découpez les chapeaux des potimarrons (réservez-les) puis retirez les graines.

Mélangez la crème fraîche avec le jambon découpé en lanières, l'œuf et la moitié du comté. Salez et poivrez.

Farcissez les potimarrons avec la préparation, replacez les chapeaux puis enveloppez hermétiquement chaque potimarron avec une feuille d'aluminium.

Enfournez pour 40 minutes à 2 heures (selon la taille). Vérifiez que la chair des potimarrons est cuite à l'aide d'une pique en bois.

Saupoudrez le reste de comté et passez au four, sans les chapeaux, pour gratiner.

Le petit +

Pour un repas plus consistant ajoutez à la farce la mie de 2 grandes tranches de pain coupées en petits dés.

Dessert

Milk-shake de lait d'amande au chocolat

PRÉPARATION : 3 MINUTES

- 4 boules de glace au chocolat
- 20 g de sucre roux
- 60 cl de lait d'amande
- 4 glaçons

Mixez tous les ingrédients en même temps dans le blender. Versez dans des grands verres et servez immédiatement.

Le petit +

Ajoutez 1 cuillerée de pâte à tartiner !

Dimanche

Déjeuner · Entrée

Mesclun aux figues et aux pignons

PRÉPARATION : 5 MINUTES

* Mélange de jeunes pousses de salades (mesclun)
* 4 figues fraîches
* 50 g de pignons de pin
* Quelques copeaux de parmesan

Lavez la salade et les figues et coupez celles-ci en deux.

Faites dorer les pignons à la poêle à sec.

Dans un saladier, mélangez 1 cuillerée à soupe de vinaigre balsamique, 2 cuillerées à soupe d'huile d'olive ou de noix, du sel et du poivre.

Ajoutez la salade, les pignons, les figues et les copeaux de parmesan.

C'est prêt !

Le petit +

Délicieux avec quelques copeaux de jambon de Parme.

Plat

Choucroute chasseur

PRÉPARATION : 5 MINUTES • CUISSON : 30 MINUTES

* 1 faisan découpé (ou une pintade découpée)
* 500 g de choucroute en conserve
* 1 échalote
* 20 cl de cidre
* Cognac

Rincez la choucroute puis égouttez-la bien.

Dans une cocotte en fonte, faites bien dorer les morceaux de faisan à feu vif dans un peu d'huile et de beurre avec l'échalote émincée.

Arrosez avec le cidre et un filet de cognac, mélangez bien puis laissez mijoter à feu doux, à couvert, pendant 25 minutes.

•••/•••

Ajoutez la choucroute et cuire doucement encore une dizaine de minutes.

Salez, poivrez et laissez reposer 10 minutes, à couvert, avant de servir.

Le petit +

Ajoutez 100 g de lardons en début de cuisson ou servez avec des lamelles de pommes poêlées.

Dessert

Tarte au citron magique

PRÉPARATION : 5 MINUTES • CUISSON : 30 MINUTES

* 1 pâte sablée
* 400 g de lait concentré sucré
* 2 œufs
* 3 citrons (ou 2 citrons verts)

Préchauffez votre four à 200 °C.

Étalez la pâte dans un plat à tarte et précuisez-la une quinzaine de minutes.

Pendant ce temps, dans un saladier, mélangez au batteur électrique le lait concentré, le jus des citrons et les jaunes d'œufs (pensez à garder les blancs si vous souhaitez faire une tarte meringuée, voir ci-dessous).

Baissez le four à 150 °C.

Versez la préparation sur la pâte et enfournez pour 15 minutes.

Réservez au frais.

Le petit +

Meringuez votre tarte au citron ! Montez les 2 blancs en neige bien ferme en incorporant 80 g de sucre glace. Disposez ensuite la meringue sur la tarte déjà cuite, idéalement à l'aide d'une douille. Enfournez en position grill, jusqu'à ce que la meringue soit dorée (attention ça va très vite !).

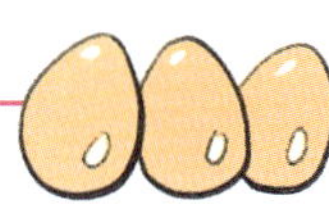

Dîner

Soupe de topinambours

Préparation : 5 minutes • Cuisson : 20 minutes

- 500 g de topinambours
- 300 g de pommes de terre
- 1 l de lait
- 10 cerneaux de noix
- Sauge séchée
- Croûtons à l'ail
- 200 g de cantal

Brossez les légumes puis coupez-les en morceaux.

Recouvrez les légumes de lait, ajoutez un peu de sauge séchée, portez à ébullition puis laissez cuire à feu moyen pendant une vingtaine de minutes.

Mixez, salez et poivrez.

Parsemez les cerneaux de noix concassés puis servez la soupe accompagnée de croûtons à l'ail et de cantal.

Le petit +

Vous pouvez ajouter des rondelles de topinambours sautées à la poêle au moment de servir.

Dessert

Raisin et mendiants au chocolat

Préparation : 5 minutes • Temps de réfrigération : 15 minutes

- 200 g de chocolat à cuire
- 3 cuillerées à soupe de fruits confits et secs (écorces d'orange, raisins secs, papaye, coco, amandes, noix, pistaches, etc.)
- 500 g de raisin de table

Faites fondre le chocolat au bain-marie ou quelques secondes au micro-ondes puis formez des petits tas d'environ 5 cm de diamètre sur une feuille de papier sulfurisé.

Répartissez les fruits secs sur les petits tas.

Laissez refroidir puis placez au réfrigérateur pour les faire durcir.

Décollez les mendiants délicatement et servez-les pour accompagner le raisin.

Votre liste de courses pour la Semaine 2 de l'automne

Légumes

- 1 grand potimarron (ou 4 petits)
- 1 courge spaghetti
- 2 panais
- 2 fenouils
- 2 grandes aubergines
- 300 g de pommes de terre
- 500 g de topinambours
- 2 tomates
- 800 g de bolets
- 400 g de champignons des bois
- 2 mescluns de salade
- 1 mâche
- 1 scarole
- 2 oignons
- 4 échalotes
- 1 bouquet de persil
- Quelques feuilles de sauge séchée

Crémerie/Frais

- 1,5 l de lait
- 60 cl de lait d'amande
- 40 cl de lait de coco
- 50 g + 110 g de beurre
- 100 g de beurre demi-sel
- 40 cl de crème liquide entière
- 40 cl de crème liquide légère
- 40 g de crème épaisse
- 45 cl de crème de soja cuisine
- 400 g de fromage blanc
- 400 g de faisselle
- 12 yaourts
- 7 + 2 œufs
- 2 pâtes feuilletées
- 1 pâte sablée
- 200 g de gruyère râpé
- 330 g de comté râpé
- 80 g de parmesan râpé
- 40 g de parmesan en copeaux
- 4 tranches de cheddar
- 200 g de cantal

Surgelé

- 500 g de purée de céleri
- 30 cl de glace au chocolat

Boucherie

- 2 blancs de poulet
- 1 faisan découpé (ou pintade)

En rose sont indiquées les quantités qui concernent les desserts.

Votre liste de courses pour la Semaine 2 de l'automne

Charcuterie

- 350 g d'allumettes de lardons fumés
- 5 tranches de jambon blanc

Fruits

- 100 g de raisin noir + **900 g** de raisin de table
- **9** poires
- 2 pommes
- 4 + **6** figues
- **8** mandarines
- 1,5 + **3** citrons
- 1 citron vert
- 200 g de cerneaux de noix
- 150 g de pignons
- **50 g** de poudre d'amande

Épicerie

- 250 g de boulgour
- 300 g de petit épeautre
- 120 g de pois chiches cuits égouttés
- 120 g de haricots rouges cuits égouttés
- 400 g de pâtes penne
- 200 g de vermicelles de riz
- 500 g de choucroute
- 400 g de tomates pelées concassées
- 100 g de chapelure
- 50 g + **50 g** de flocons d'avoine
- 90 g + **100 g** de farine
- 30 g de Maïzena®
- 1,5 cube de bouillon de légumes
- 2 tiges de citronnelle
- **140 g** de sucre roux (fin)
- **200 g** de chocolat à cuire
- **4** cookies
- **50 g** de gelée de coing
- **180 g** de crème de marrons
- **8 cl** de caramel liquide Salidou
- **2 c. à s.** de miel liquide
- **400 g** de lait concentré sucré
- **3 sachets** d'infusion de verveine
- **50 g** de fruits confits et fruits secs
- **80 cl** de jus de raisin
- 2 sachets de croûtons à l'ail
- 4 pains à hamburgers
- 1 ketchup bio
- 1 cornichon à la russe
- 20 cl de cidre
- 2 cl de cognac
- 3 cl de sauce soja

Poissonnerie

- 800 g de filets de rouget barbet
- 4 filets de bar

Et n'oubliez pas de compléter votre fonds de maison (voir page 13) si nécessaire...

UN MENU
pour recevoir en automne

Entrée

Poêlée de Saint-Jacques

PRÉPARATION : 5 MINUTES • CUISSON : 4 MINUTES

* 12 noix de coquille Saint-Jacques
* Ail semoule
* Quelques feuilles de persil plat
* 15 cl de crème de soja
* 150 g de fondue de poireau surgelée

Réchauffez la fondue de poireaux.

Séchez les coquilles Saint-Jacques puis saisissez-les dans une poêle très chaude deux minutes de chaque côté, avec un peu d'huile et d'ail en semoule.

Salez, poivrez et saupoudrez un peu de persil ciselé puis versez un filet de crème.

Servez aussitôt sur un lit de fondue de poireaux.

Plat

Parmentier de canard aux pommes

PRÉPARATION : 10 MINUTES • CUISSON : 30 MINUTES

* 3 cuisses de canard confit
* 500 g de pommes de terre
* 500 g de pommes
* 20 g de beurre

Préchauffez votre four à 210 °C.

Épluchez les pommes de terre et les pommes et coupez-les en rondelles et en lamelles.

Enlevez la graisse autour des cuisses de canard et badigeonnez-en un plat à gratin.

Disposez les rondelles de pommes de terre. Salez, poivrez.

Émiettez la chair des confits par-dessus puis recouvrez de lamelles de pommes.

Badigeonnez de beurre fondu puis enfournez pour 30 minutes en couvrant au début.

Dessert

Chantilly au marron (voir page 142)

Cuisine

Hiver

Mon marché d'hiver

Fruits : pomme, kiwi, citron, orange, noix, clémentine, mandarine, poire, pomelo, ananas, mangue, banane.

Légumes : radis noir, betterave, cardon, carotte, céleri-rave, endive, navet, panais, poireau, pomme de terre, salsifis, topinambour, chou (vert, blanc, rouge, frisé, pommé, de Bruxelles, brocoli), courges (courge, citrouille, potiron, potimarron...), crosne, fenouil, rutabaga.

Salades : mâche, frisée, laitue.

Aromates : oignon, échalote, ail.

Champignons : truffe noire.

Viandes : dinde, porc, bœuf, oie.

Poissons : bar et dorade grise d'élevage bio, sardine, coquille Saint-Jacques, saumon d'élevage, mulet, brochet, huître, merlan. Et toute l'année : mulet, capelan, picarel, oblade, tacaud, truite d'élevage, haddock.

Fromages : comté, mont d'or, cantal, chaource, morbier, feta, mascarpone, parmesan.

HIVER

Semaine 1

Menus	Déjeuners	Dîners
Lundi		
Plats	Aiguillettes de poulet à la normande	Tatin d'endives caramélisées
Desserts	Banane	Faisselle à la gelée de fruits
Mardi		
Plats	Chausson de poisson rapide	Fusilli aux carottes
Desserts	Milk-shake de lait d'amande à la vanille	Mandarines
Mercredi		
Plats	Steak haché et frites de panais	Cake comme une raclette
Desserts	Pamplemousse meringué	Crème au chocolat facile
Jeudi		
Plats	Salade tiède aux fruits secs	Œuf cocotte au bacon
Desserts	Yaourt	Compote au jus d'orange
Vendredi		
Plats	Curry de dorade en papillote	Potée de lentilles au boulgour
Desserts	Crumble de spéculos aux pommes	Yaourt
Samedi		
Entrées	Salade de mâche aux pommes et aux noix	
Plats	Galette bretonne complète	Flamenkuche de dernière minute
Desserts	Fromage blanc à la mandarine	Smoothie pomme-banane
Dimanche		
Entrées	Carpaccio de radis noir	
Plats	Rôti de porc et carottes confites	Soupe de pois cassés charcutière
Desserts	Tarte aux amandes	Mandarines et tuiles au caramel

Lundi

Déjeuner

Aiguillettes de poulet à la normande

PRÉPARATION : 5 MINUTES • CUISSON : ENVIRON 25 MINUTES

* 12 aiguillettes de poulet
* 250 g de riz
* 25 cl de crème fraîche
* Moutarde

Faites cuire le riz dans l'eau bouillante comme indiqué sur le paquet.

Pendant ce temps, faites revenir doucement le poulet à la poêle avec un peu d'huile.

Au dernier moment, dans la poêle de cuisson du poulet, versez 1 bonne cuillerée à soupe de moutarde et la crème fraîche.

Mélangez à feu doux.

Servez aussitôt avec le riz.

Le petit +

Ajoutez quelques champignons de Paris pour une vraie sauce normande.

Dessert

4 bananes

Dîner

Tatin d'endives caramélisées

PRÉPARATION : 8 MINUTES • CUISSON : 30 MINUTES

* 1 pâte brisée
* 7 petites endives
* Une dizaine de cerneaux de noix
* 150 g de chèvre frais
* 30 g de sucre
* Vinaigre balsamique

Préchauffez votre four à 210 °C.

Enlevez les cœurs des endives puis coupez-les en deux dans la longueur.

Disposez-les dans un récipient adapté au micro-ondes, recouvrez de film alimentaire et enfournez au micro-ondes pendant 6 minutes. Mettez-les à égoutter sur du papier absorbant.

Dans un plat à tarte, mélangez 2 cuillerées à soupe de sucre et 2 de vinaigre et étalez bien sur toute la surface.

Disposez les endives par-dessus, le côté coupé vers le fond.

Parsemez de noix grossièrement concassées et de morceaux de fromage de chèvre. Salez et poivrez.

Recouvrez avec la pâte en prenant soin de la rentrer contre la paroi et faites un petit trou au centre.

Enfournez pour 25 minutes dans le bas du four.

Laissez tiédir puis retournez la tarte tatin juste avant de servir.

Le petit +

Vous pouvez remplacer le sucre par 3 cuillerées de miel.

Dessert

Faisselle à la gelée de fruits rouges

PRÉPARATION : 3 MINUTES

* 400 g de faisselle
* 4 cuillerées à soupe de gelée de fruits rouges

Faites fondre la gelée avec 2 cuillerées à soupe d'eau.

Répartissez la faisselle dans 4 ramequins, versez le coulis au moment de servir.

Mardi

Déjeuner

Chausson de poisson rapide

PRÉPARATION : 8 MINUTES • CUISSON : 20 MINUTES

- 2 pâtes brisées
- 4 petits filets de poisson blanc
- 200 g de fondue de poireaux surgelée
- ½ citron
- 50 g de beurre
- 10 cl de crème de soja pour la cuisine

Préchauffez votre four à 180 °C.

Décongelez et égouttez la fondue de poireaux.

Coupez les pâtes en 2 pour faire 4 chaussons et placez-les sur une plaque du four recouverte de papier sulfurisé.

Sur la moitié de chaque chausson, répartissez la fondue de poireaux. Salez et poivrez.

Déposez les filets par-dessus avec 20 g de beurre en dés, un filet de citron et un filet de crème.

Refermez chaque pâte comme un chausson en soudant bien les bords avec du lait.

Badigeonnez les chaussons de lait et enfournez pour 20 minutes.

Le petit +

Pour les enfants, donnez à vos chaussons des formes de poissons. Succès garanti !

Dessert

Milk-shake de lait d'amande à la vanille

PRÉPARATION : 3 MINUTES

- 4 boules de glace à la vanille
- 20 g de sucre roux
- 60 cl de lait d'amande bien frais
- 4 glaçons

Mixez tous les ingrédients en même temps dans le blender.

Versez dans des grands verres et servez immédiatement.

Dîner

Fusilli aux carottes

PRÉPARATION : 8 MINUTES • CUISSON : 25 MINUTES

* 400 g de fusilli
* 500 g de carottes
* 15 cl de crème de soja pour la cuisine
* 1 oignon
* Curry
* Ail en semoule
* 50 g de parmesan râpé

Coupez les carottes en bâtonnets, émincez l'oignon.

Dans une grande casserole, faites revenir rapidement les légumes à feu vif dans un peu d'huile d'olive avec une pointe d'ail, du sel et du poivre. Ajoutez 2 litres d'eau et 1 cuillerée à café de curry, portez à ébullition et laissez cuire 10 minutes.

Ajoutez les pâtes et continuez la cuisson une dizaine de minutes jusqu'à ce que tout soit *al dente*.

Égouttez.

Hors du feu, ajoutez la crème de soja, saupoudrez le parmesan et servez immédiatement.

Dessert

4 mandarines

Mercredi

Déjeuner

Steak haché et frites de panais

PRÉPARATION : 5 MINUTES • CUISSON : 30 MINUTES

* 4 steaks hachés
* 4 panais
* Paprika

Préchauffez votre four à 210 °C.

Épluchez les panais puis coupez-les en frites. Dans un saladier, enrobez-les d'huile et de paprika.

•••/•••

Étalez les frites sur une plaque de four recouverte de papier sulfurisé.

Enfournez pour 30 minutes en les retournant à mi-cuisson.

Juste avant la fin de la cuisson, saisissez vos steaks dans une poêle bien chaude 2 minutes sur chaque face.

Salez, poivrez et servez aussitôt.

Dessert

Pamplemousse meringué

PRÉPARATION : 8 MINUTES • CUISSON : 2 MINUTES

* 2 pamplemousses
* 2 blancs d'œufs
* 80 g de sucre glace

Préchauffez votre four en position grill.

Couper les pamplemousses en 2 puis préparez-les (prédécoupez les quartiers à l'aide d'une cuillère ou d'un couteau à pamplemousse).

Saupoudrez un peu de sucre roux en poudre.

Montez les blancs en neige puis ajoutez le sucre et battre à nouveau quelques minutes jusqu'à ce qu'ils soient bien fermes. Disposez ensuite la meringue sur les moitiés de pamplemousse, idéalement à l'aide d'une douille.

Enfournez jusqu'à ce que la meringue soit dorée (attention ça va très vite !).

Servez aussitôt.

Le petit +

Au moment de servir, saupoudrez d'amandes effilées ou de pralin.

Dîner

Cake comme une raclette

PRÉPARATION : 8 MINUTES • CUISSON : 40 MINUTES

* 4 cuillerées à soupe d'huile de noix
* 10 cl de lait
* 4 œufs
* 150 g de farine
* 1 sachet de levure
* 2 pommes de terre
* 200 g d'allumettes de lardons fumés
* 150 g de fromage à raclette
* 100 g de gruyère râpé
* 3 endives

Pour les familles de garçons !

Préchauffez votre four à 180°.

Mélangez l'huile, le lait et les œufs. Ajoutez la farine, les pommes de terre râpées et la levure, puis fouettez énergiquement.

Incorporez les lardons, le fromage à raclette coupé en lanières et le gruyère râpé.

Versez dans un moule à cake et enfournez pour 40 minutes.

Servez avec une salade d'endives.

Le petit +

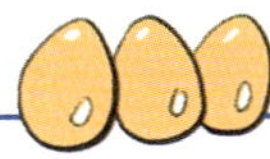

Vous pouvez ajouter 1 gousse d'ail pressée et également remplacer 5 cl de lait par du vin blanc.

Dessert

Crème au chocolat facile

PRÉPARATION : 5 MINUTES • CUISSON : 5 MINUTES • TEMPS DE RÉFRIGÉRATION : 30 MINUTES

* 50 cl de lait entier
* 20 g de Maïzena®
* 100 g de chocolat à cuire
* 1 œuf
* 1 sachet de sucre vanillé

Dans une casserole, faites fondre le chocolat.

Ajoutez la Maïzena®, le sucre et l'œuf. Mélangez avec un fouet puis versez le lait petit à petit.

Portez à ébullition puis laissez cuire 5 minutes à feu doux.

Versez dans 4 ramequins, laissez refroidir puis réservez au réfrigérateur.

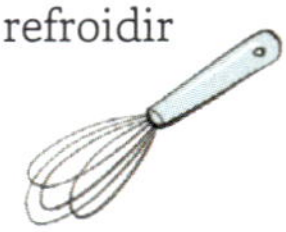

•••/•••

Le petit +

À faire la veille, encore meilleur !
Variez les parfums : 1 gousse de vanille ouverte et grattée, du café ou du caramel.
Vous pouvez aussi ajouter au fond du ramequin un coulis, du caramel ou un émietté de biscuit.

Jeudi

Déjeuner

Salade tiède aux fruits secs

Préparation : 3 minutes • Cuisson : environ 10 minutes

* 150 g de mélange quinoa rouge ou blanc et boulgour
* 1 poignée de cerneaux de noix
* 1 poignée d'amandes émondées
* 1 poignée de raisins secs
* Persil surgelé

Faites cuire séparément le quinoa et le boulgour dans l'eau comme indiqué sur les paquets.

Mettez les raisins à tremper dans l'eau tiède.

Hors du feu, ajoutez la vinaigrette (1 cuillerée à soupe de moutarde, 1 de vinaigre de cidre et 2 d'huile de noix) puis les cerneaux de noix grossièrement concassés, les amandes et les raisins.

Salez, poivrez et saupoudrez du persil ciselé.

Servez tiède.

Le petit +

Versez un filet de sauce soja au moment de servir.

Dessert

4 yaourts

Dîner

Œuf cocotte au bacon

Préparation : 3 minutes • Cuisson : 3 minutes

- 4 œufs
- 4 tranches fines de bacon fumé
- 20 cl de crème fraîche liquide
- 50 g de gruyère râpé
- 4 tranches de pain de campagne
- 4 poignées de mâche

Versez une cuillerée à café de crème dans le fond de chaque ramequin.

Déposez ensuite le bacon découpé en lanières.

Cassez un œuf dans chaque ramequin, percez le jaune, salez et poivrez.

Ajoutez le reste de crème et recouvrez de gruyère.

Couvrez les ramequins de film alimentaire et faites cuire au four à micro-ondes pendant 45 secondes.

Si c'est insuffisant, recommencez par tranches de 20 secondes.

Servez immédiatement avec des mouillettes de pain de campagne et une salade de mâche.

Le petit +

La cuisson traditionnelle se fait au bain-marie pendant 8 minutes. Pour cela, il faut préchauffer le four à 210 °C avec un plat rempli d'eau.

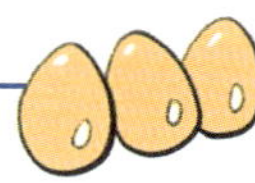

Dessert

Compote au jus d'orange

Préparation : 3 minutes • Cuisson : 3 minutes

- 4 pommes
- 2 poires
- 1 orange
- 1 cuillerée à café de sucre

Épluchez les pommes et les poires, coupez-les en morceaux et placez-les dans un plat adapté au micro-ondes.

Ajoutez le jus de l'orange et le sucre, puis recouvrez le plat de film alimentaire.

Faites cuire 6 minutes au micro-ondes.

Servez chaud ou froid.

Vendredi

Déjeuner

Curry de dorade en papillote

PRÉPARATION : 3 MINUTES • CUISSON : 15 MINUTES

- 4 filets de dorade (préférez la dorade grise d'élevage bio)
- 15 cl de lait de coco
- Curry en poudre
- 250 g de semoule

Préchauffez votre four à 240 °C.

Placez les filets sur 4 feuilles d'aluminium ou de papier sulfurisé. Salez, poivrez. Répartissez dessus le lait de coco mélangé à une cuillerée à café de curry.

Refermez bien hermétiquement les papillotes.

Enfournez pour 10 minutes.

Pendant ce temps, préparez la semoule comme indiqué sur le paquet (environ 5 minutes).

Servez aussitôt.

Le petit +

Ajoutez des légumes râpés sous les filets : carotte, fenouil, pomme de terre, échalote… avec un filet d'huile, du sel et du poivre. La cuisson durera une bonne vingtaine de minutes.

Dessert

Crumble de spéculos aux pommes

PRÉPARATION : 5 MINUTES • CUISSON : 30 MINUTES

- 4 pommes
- 100 g de spéculos
- 120 g de sucre roux
- 120 g de farine
- 120 g de beurre demi-sel à température ambiante
- 1 citron

Préchauffez votre four à 180 °C.

Pelez puis découpez les pommes en morceaux et disposez-les au fond d'un plat à gratin. Recouvrez de jus de citron.

Mixez les biscuits.

•••/•••

Dans un saladier, mélangez la farine, la cassonade puis ajoutez les biscuits et le beurre en petits cubes. Malaxez du bout des doigts.

Émiettez cette pâte sur les pommes puis enfournez pour 30 minutes. Délicieux tiède avec une boule de glace.

Le petit +

Nappez le fond du plat de caramel au beurre salé (Salidou) du commerce ou fait maison (retrouvez la recette page 18).

Dîner

Potée de lentilles au boulgour

Préparation : 5 minutes • Cuisson : 25 minutes

- 150 g de lentilles vertes du Puy
- 250 g de boulgour
- ½ cube de bouillon aux herbes
- 2 petits poireaux
- 1 oignon
- Noix de muscade

Pour les froides soirées d'hiver…

Portez à ébullition une grande casserole d'eau avec les lentilles et le demi-cube de bouillon.

15 minutes après le début de l'ébullition, ajoutez le boulgour, les poireaux en rondelles et l'oignon émincé.

Laissez cuire encore 10 minutes à feu moyen.

Égouttez bien puis assaisonnez d'un filet d'huile d'olive, de sel si nécessaire, de poivre et de noix de muscade.

Le petit +

Réchauffez 2 filets de haddock dans du lait chaud puis émiettez-le sur les lentilles au boulgour.

Dessert

4 yaourts

Samedi

Déjeuner

Entrée

Salade de mâche aux pommes et aux noix

PRÉPARATION : 3 MINUTES

- 1 pomme
- 4 bonnes poignées de mâche
- 1 poignée de cerneaux de noix

Coupez la pomme en lamelles. Ajoutez la mâche et les cerneaux de noix.

Au dernier moment, assaisonnez la salade avec 1 cuillerée à café de moutarde, 1 cuillerée à soupe de vinaigre de cidre et 2 d'huile de noix. Servez.

Le petit +

Ajoutez quelques graines de courge.

Plat

Galette bretonne complète

PRÉPARATION : 3 MINUTES

- 4 galettes bretonnes au sarrasin
- 150 g de gruyère râpé
- 2 tranches de jambon blanc
- 4 œufs

Pour chaque galette : placez-la dans une crêpière à feu doux puis garnissez-la du quart du gruyère, d'une demi-tranche de jambon coupée en lanières, puis cassez un œuf par-dessus.

Servez dès que l'œuf est cuit et le fromage fondu.

•••/•••

Le petit +

Faites vous-même vos 4 galettes : mixez 130 g de farine de sarrasin, 1 œuf (facultatif), 25 cl d'eau et 25 g de beurre salé puis laissez reposer 30 minutes à température ambiante et faites cuire les galettes dans une crêpière huilée.

Dessert

Fromage blanc au coulis de mandarine

PRÉPARATION : 5 MINUTES • CUISSON : 1 MINUTE

* 400 g de fromage blanc
* 6 mandarines
* 2 cuillerées à café de Maïzena®
* 20 g de sucre

Mélangez bien le sucre avec le jus des mandarines et la Maïzena® diluée dans une cuillerée à soupe d'eau.

Portez à ébullition.

Laissez refroidir.

Versez du fromage blanc dans 4 ramequins puis ajoutez le coulis au moment de servir.

Dîner

Flamenkuche de dernière minute

PRÉPARATION : 3 MINUTES • CUISSON : 8 MINUTES

* 1 pâte à pizza
* 1 oignon
* 100 g d'allumettes de lardons fumés
* 10 cl de crème liquide
* Mesclun de salade

Préchauffez votre four à 240 °C.

Étalez la pâte sur un papier sulfurisé. Disposez dessus la crème, l'oignon émincé et les lardons.

Enfournez sur la grille du four pour 8 minutes.

Servez accompagné d'une salade.

Le petit +

Pour une pâte à pizza fait maison, retrouvez la recette page 17.

Dessert

Smoothie pomme-banane

PRÉPARATION : 5 MINUTES

- 25 cl de jus de pomme
- 2 pommes
- 2 bananes
- 4 glaçons

Épluchez et coupez les fruits en gros morceaux.

Mettez dans le blender ou mixeur les fruits, le jus de pomme et les glaçons.

Mixez et servez aussitôt.

Dimanche

Déjeuner

Entrée

Carpaccio de radis noir

PRÉPARATION : 5 MINUTES

- 1 radis noir
- Sauce soja
- Huile de noisette

Pelez le radis puis découpez-le en fines rondelles.

Versez dessus la vinaigrette suivante :
1 cuillerée à café de sauce soja, 2 cuillerées à soupe d'huile, du sel et du poivre.

Parsemez de noisettes concassées.

Plat

Rôti de porc et carottes confites

PRÉPARATION : 8 MINUTES • CUISSON : 1 H 30

- 1 kg de rôti de porc
- 4 oignons
- Herbes de Provence

Roulez le rôti dans les herbes, le sel et le poivre.

Dans le plat, placez les oignons épluchés entiers autour du rôti puis ajoutez un filet d'huile.

•••/•••

- 1 kg de carottes
- Ail semoule
- Gingembre en poudre

Enfournez (à four froid) à 180 °C pour 1 heure et demie.

Arrosez régulièrement pendant la cuisson et ajoutez de l'eau si nécessaire.

Pendant ce temps, épluchez les carottes puis coupez-les en deux dans la longueur.

Dans un saladier, enrobez-les d'huile d'olive, de sel, d'ail semoule et de gingembre en poudre.

Disposez-les sur une plaque recouverte de papier sulfurisé ou dans un plat, en une seule couche.

Enfournez sous le rôti pendant une bonne heure, en les retournant à mi-cuisson.

Le petit +

Après la cuisson, couvrez le rôti avec du papier aluminium et laissez-le reposer 10 minutes pour qu'il soit plus tendre.

Dessert

Tarte aux amandes

Préparation : 5 minutes • Cuisson : 20 minutes

- 1 pâte sablée
- 100 g d'amandes effilées
- 100 g de sucre
- 80 g de beurre
- 15 g de crème fraîche épaisse
- Miel liquide

Préchauffez votre four à 180 °C.

Étalez la pâte à tarte dans un moule et piquez-la bien avec une fourchette.

Faites fondre le beurre et le sucre à feu doux.

Hors du feu, ajoutez une cuillerée à soupe de miel et la crème. Versez sur le fond de tarte et parsemez d'amandes.

Enfournez pour 20 minutes.

Si des bulles se forment pendant la cuisson, crevez-les aussitôt.

Laissez refroidir avant de servir.

Dîner

Soupe de pois cassés charcutière

PRÉPARATION : 5 MINUTES • CUISSON : 20 MINUTES

- 700 g de pois cassés cuits (plus faciles à trouver dans les magasins bio)
- 1 oignon
- 1/2 cube de bouillon de légumes
- 150 g d'allumettes de lardons fumés
- Crème de soja pour la cuisine
- Coriandre en poudre ou surgelée

Dans une grande casserole, faites revenir 1 oignon émincé dans un peu d'huile.

Ajoutez les pois cassés égouttés et le cube de bouillon dilué dans 50 cl d'eau.

Portez à ébullition puis laissez cuire doucement 5 minutes.

Pendant ce temps, faites revenir les lardons à la poêle.

Mixez la soupe, salez et poivrez.

Ajoutez un filet de crème de soja, une pincée de coriandre et servez.

Le petit +

Ajoutez une saucisse fumée dans la soupe pour la parfumer mais cela implique de prolonger la cuisson de 20 minutes. Dans ce cas, autant utiliser des pois cassés crus : faites tremper les pois cassés dans l'eau 2 heures avant, sinon rincez-les bien. Mettez les pois égouttés, l'oignon émincé, la saucisse (sans la piquer) et les cubes de bouillon dans une cocotte-minute avec un litre d'eau. Une fois que la cocotte chuchote, cuire à feu doux 20 minutes. En fin de cuisson, enlevez la saucisse, retirez la peau et coupez-la en rondelles que vous disposerez sur la soupe.

Dessert

Mandarines et tuiles au caramel

Préparation : 3 minutes • Cuisson : 5 minutes

* 4 Carambars® au caramel ou 8 minis Carambars®
* 4 mandarines

Préchauffez le four à 180 °C.

Disposez les Carambars® bien espacés sur une plaque recouverte de papier sulfurisé. Pour les grands Carambars®, coupez-les en 2 ou pliez-les.

Enfournez pour environ 5 minutes, le temps que les Carambars® soient fondus et que des bulles apparaissent sur toute la surface.

Servez les tuiles froides pour accompagner les mandarines.

Votre liste de courses pour la Semaine 1 de l'hiver

Légumes

- 1,5 kg de carottes
- 4 panais
- 2 petits poireaux
- 1 radis noir
- 2 pommes de terre
- 10 petites endives
- 2 mâches
- 1 mesclun
- 8 oignons

Crémerie/Frais

- 50 g + 80 g de beurre
- 120 g de beurre demi-sel
- 10 cl + 50 cl de lait entier
- 60 cl de lait d'amande
- 15 cl de lait de coco
- 55 cl de crème liquide
- 15 g de crème épaisse
- 35 cl de crème de soja
- 400 g de faisselle
- 400 g de fromage blanc
- 8 yaourts
- 12 + 3 œufs
- 3 pâtes brisées
- 1 pâte sablée
- 1 pâte à pizza
- 300 g de gruyère râpé
- 50 g de parmesan râpé
- 150 g de chèvre frais
- 150 g de fromage à raclette
- 4 galettes de sarrasin

Surgelé

- 200 g de fondue de poireaux
- 20 g de persil ciselé
- 30 cl de glace à la vanille

Charcuterie

- 450 g d'allumettes de lardons fumés
- 4 tranches fines de bacon fumé
- 2 tranches de jambon blanc

Poissonnerie

- 4 petits filets de poisson blanc
- 4 filets de dorade grise

En rose sont indiquées les quantités qui concernent les desserts.

Votre liste de courses pour la Semaine 1 de l'hiver

Fruits

- 1 + **10** pommes
- **2** poires
- **6** bananes
- **14** mandarines
- **2** pamplemousses
- **1** orange
- 1 + **1** citrons
- 150 g de cerneaux de noix
- 50 g d'amandes émondées
- **100 g** d'amandes effilées
- 50 g de raisins secs

Épicerie

- 250 g de riz
- 250 g de boulgour
- 150 g de quinoa-boulgour (mix)
- 250 g de semoule de couscous
- 150 g de lentilles vertes du Puy
- 700 g de pois cassés cuits
- 400 g de fusilli (pâtes)
- 1 cube de bouillon
- 150 g + **120 g** de farine
- **30 g** de Maïzena®
- 1 sachet de levure
- **1** sachet de sucre vanillé
- 30 g + **265 g** de sucre roux
- **80 g** de sucre glace
- **1 c. à s.** de miel liquide
- **100 g** de spéculos
- **100 g** de chocolat à cuire
- **80 g** de gelée de fruits rouges
- 4 tranches de pain de campagne
- **8 (ou 4 grands)** mini-carambars caramel
- **25 cl** de jus de pommes

Boucherie

- 12 aiguillettes de poulet
- 4 steaks hachés
- 1 kg de rôti de porc

Et n'oubliez pas de compléter votre fonds de maison *(voir page 13)* *si nécessaire…*

HIVER
Semaine 2

Menus	Déjeuners	Dîners
Lundi		
Plats	Crumble de sardines express	Tarte à l'oignon
Desserts	Poire belle Hélène des impatients	Fromage blanc aux marrons
Mardi		
Plats	Nuggets veggie	Poêlée de brocolis aux lardons
Desserts	Yaourt	Pomme au four minute
Mercredi		
Plats	Émincé de dinde aux carottes	Tagliatelles au saumon fumé
Desserts	Mousse à la banane	Salade de fruits d'hiver
Jeudi		
Plats	Risotto tout simple	Croustillant de courge butternut aux pignons
Desserts	Yaourt	Banane au chocolat coulant
Vendredi		
Plats	Brandade douce	Galette de céréales
Desserts	Kiwi	Yaourt
Samedi		
Entrées	Carottes râpées à l'orange	
Plats	Gougère au jambon	Gâteau de pommes de terre
Desserts	Faisselle au caramel et aux amandes	Soufflé glacé à l'orange
Dimanche		
Entrées	Coleslaw léger aux pommes	
Plats	Pot-au-feu traditionnel	Velouté de carottes parfumé
Desserts	Fondant de marrons au chocolat	Litchis et roses des sables

Lundi

Déjeuner

Crumble de sardines express

PRÉPARATION : 5 MINUTES • CUISSON : 20 MINUTES

* 4 boîtes de conserve de sardines à l'huile d'olive et au citron (environ 120 g par boîte)
* 12 crackers salés
* 8 pommes de terre à chair ferme
* ½ citron
* Ciboulette surgelée

Préchauffez le four à 180 °C.

Faites cuire les pommes de terre pelées dans l'eau bouillante une quinzaine de minutes, en s'assurant qu'elles restent fermes.

Pendant ce temps, enlevez un petit peu de jus des boîtes de sardines (mais pas tout !) puis écrasez les sardines à la fourchette directement dans leur boîte et recouvrez-les de crackers émiettés.

Enfournez les boîtes de sardines pour 8 minutes.

Pendant ce temps, égouttez les pommes de terre, coupez-les en morceaux et assaisonnez-les avec 1 cuillerée à soupe de moutarde et 4 d'huile d'olive.

Ajoutez un filet de citron, du sel, du poivre et de la ciboulette ciselée et mélangez délicatement.

Présentez les mini-crumbles dans les boîtes à sardines et servez tiède avec la salade de pommes de terre.

Le petit +

Le goût des sardines n'est pas toujours apprécié des enfants, dans ce cas, choisissez des conserves d'autres poissons moins forts comme, par exemple, la truite à l'huile d'amande.
Si vous êtes pressée, accompagnez les mini-crumbles de semoule car cela se prépare en moins de 5 minutes.

Dessert

Poire belle Hélène des impatients

PRÉPARATION : 5 MINUTES • CUISSON : 10 MINUTES

- 4 poires
- 20 g de sucre en poudre
- 150 g de chocolat à cuire
- 30 g de beurre
- 1 citron

Épluchez les poires mais sans les couper, conservez-les entières avec la queue.

Placez-les dans un plat creux adapté au micro-ondes. Saupoudrez du sucre et du jus du citron.

Refermez le plat avec du film étirable et faites cuire au micro-ondes pendant 8 minutes. Laissez-les refroidir.

Au dernier moment, faites fondre ensemble au micro-ondes le chocolat et le beurre par tranches de 30 secondes, en mélangeant à chaque fois.

Disposez les poires sur des assiettes et nappez-les de chocolat fondu.

Servez aussitôt.

Le petit +

Servez avec une boule de glace à la vanille.

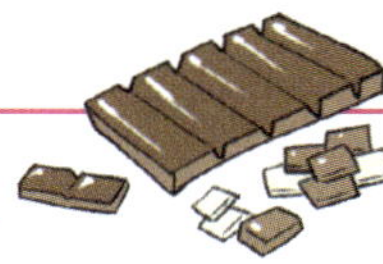

Dîner

Tarte à l'oignon

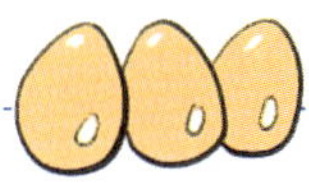

PRÉPARATION : 3 MINUTES • CUISSON : 45 MINUTES

- 1 pâte brisée
- 1 kg d'oignons émincés surgelés
- 20 cl de crème fraîche
- 2 œufs
- 1 mesclun de salade

Préchauffez votre four à 210 °C.

Faites fondre les oignons à feu très doux dans un peu de beurre pendant environ 15 minutes.

Dans un saladier, mélangez la crème fraîche, les œufs et les oignons. Salez et poivrez.

Étalez la pâte dans un plat à tarte et versez la préparation dessus puis enfournez pour 30 minutes.

Servez chaud ou froid avec de la salade.

Dessert

Fromage blanc aux marrons

PRÉPARATION : 3 MINUTES

- 400 g de fromage blanc
- 100 g de crème de marron
- 1 poignée d'amandes effilées

Mélangez le fromage blanc et la crème de marron.

Répartissez dans 4 ramequins et parsemez d'amandes effilées.

Le petit +

Pour un dessert plus aérien, incorporez 2 blancs d'œufs montés en neige à la préparation. Réservez au frais.

Mardi

Déjeuner

Nuggets veggie

PRÉPARATION : 8 MINUTES • CUISSON : 4 MINUTES • TEMPS DE RÉFRIGÉRATION : 30 MINUTES

- 300 g de tofu en bloc
- 50 g de farine
- 200 g de purée de légumes nature (haricots verts, brocolis…)
- 2 œufs
- Épices (paprika, coriandre ou cumin)

Mixez le tofu et la farine.

Ajoutez la purée de légumes, les épices, le sel et le poivre et mixez à nouveau.

Réservez 30 minutes au frais, puis formez des palets bien compacts de 1 cm d'épaisseur.

Dans un grand bol, battez les œufs.

Dans un autre bol, préparez votre panure en mélangeant de la chapelure, un peu de gomasio, des flocons d'avoine ou des corn flakes écrasés.

•••/•••

- 300 g de mélange chapelure, gomasio, flocons d'avoine ou corn flakes écrasés

Roulez les nuggets dans l'œuf puis dans la panure et poêlez-les 2 minutes de chaque côté dans un peu d'huile d'olive.

Servez chaud, avec une sauce de votre choix (ketchup, mayonnaise, etc.).

Le petit +

Vous pouvez remplacer l'œuf pour la panure par de la fécule de maïs mouillée. Vous pouvez également remplacer le tofu par du fromage râpé (cheddar ou comté par exemple). Dans ce cas, ajoutez un œuf à la préparation.

Dessert

4 yaourts

Dîner

Poêlée de brocolis aux lardons

Préparation : 5 minutes • Cuisson : 8 minutes

- 2 bouquets de brocolis
- 250 g d'allumettes de lardons fumés
- 20 cl de crème de soja pour la cuisine
- 2 oignons

Dans une sauteuse, faites revenir les lardons et les oignons émincés.

Rincez les brocolis puis détachez les fleurettes et jetez-les dans la sauteuse.

Salez, poivrez.

Ajoutez 5 cl d'eau puis couvrez et laissez cuire à feu moyen pendant environ 5 minutes. Il faut que les brocolis restent croquants.

Ajoutez la crème, mélangez et servez.

Le petit +

Recouvrez de gruyère râpé et faites gratiner au four.

Dessert

Pommes au four minute

PRÉPARATION : 5 MINUTES • CUISSON : 4 MINUTES

- 4 pommes
- 4 biscottes
- 1 yaourt brassé
- 2 sachets de sucre vanillé
- Cannelle en poudre

Beurrez les biscottes des 2 côtés.

Épluchez les pommes et évidez le centre sans couper les pommes en deux.

Placez les pommes sur les biscottes et saupoudrez le sucre vanillé et la cannelle.

Glissez une noisette de beurre sur chaque pomme.

Faites cuire 4 minutes au four à micro-ondes dans un plat adapté.

Servez chaud avec une cuillerée à soupe de yaourt frais dans le cœur de chaque pomme.

Le petit +

Glissez un Carambar® au centre de chaque pomme avant la cuisson.
Pour les puristes, c'est 35 minutes au four à 180 °C, sans éplucher les pommes. C'est plus long, mais c'est vrai que c'est meilleur !

Mercredi

Déjeuner

Émincé de dinde aux carottes

PRÉPARATION : 8 MINUTES • CUISSON : 12 MINUTES

- 2 grandes escalopes de dinde
- 800 g de carottes
- 1 oignon

Coupez les escalopes en lanières, les carottes en rondelles et émincez l'oignon.

Faites dorer la dinde et l'oignon dans la cocotte-minute avec un peu d'huile.

•••/•••

- Ail en semoule
- 10 cl de crème de soja pour la cuisine
- Persil

Ajoutez les carottes et 30 cl d'eau, salez et poivrez, puis fermez la cocotte.

Portez à ébullition puis laissez cuire 10 minutes à feu doux à compter du moment où la soupape chuchote.

Nappez de crème et saupoudrez du persil ciselé, du sel et de l'ail en semoule.

Mélangez et servez aussitôt.

Le petit +

Pour une viande plus tendre, faites mariner les escalopes émincées dans du yaourt avant la cuisson.

Dessert

Mousse à la banane

PRÉPARATION : 5 MINUTES

- 3 bananes mûres
- 20 cl de mascarpone
- ½ citron
- 2 œufs
- 30 g de sucre glace

Mixez les bananes avec le jus du citron puis ajoutez le mascarpone.

Battez les blancs en neige bien fermes puis incorporez-les délicatement à la préparation.

Versez dans des verrines et réservez au frais.

Le petit +

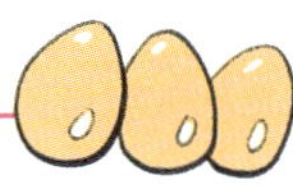

Ajoutez quelques copeaux de chocolat.

Dîner

Tagliatelles au saumon fumé

PRÉPARATION : 3 MINUTES • CUISSON : ENVIRON 3 MINUTES

* 400 g de tagliatelles fraîches
* 300 g de saumon fumé
* 25 cl de crème de soja pour la cuisine
* ½ citron
* Aneth

Faites cuire les pâtes *al dente*.

Pendant ce temps, coupez le saumon en lanières et faites-le mijoter à feu très doux avec la crème et le jus de citron et un peu de poivre.

Égouttez bien les pâtes, ajoutez une noix de beurre et du sel, mélangez puis nappez avec la sauce au saumon.

Saupoudrez l'aneth ciselé et servez aussitôt.

Dessert

Salade de fruits d'hiver

PRÉPARATION : 5 MINUTES

* 1 grosse pomme
* 2 kiwis
* 2 clémentines
* 1 citron
* 1 cuillerée à soupe de miel
* 1 poignée d'amandes effilées

Épluchez la pomme et les kiwis et coupez-les en morceaux.

Ajoutez les quartiers de clémentines.

Nappez d'un mélange de miel et de jus de citron puis réservez au frais.

Parsemez d'amandes effilées avant de servir.

Jeudi

Déjeuner

Risotto tout simple

Préparation : 5 minutes • Cuisson : 10 minutes

- 350 g de riz (spécial risotto)
- ½ cube de bouillon de poule ou de légumes
- 15 cl de vin blanc sec
- 2 oignons
- 40 g de beurre
- 3 portions de fromage fondu à la crème (Kiri® ou Vache-qui-rit®)
- 4 tranches de jambon cru

Faites bouillir 1 litre d'eau avec le demi-cube de bouillon puis laissez mijoter doucement.

Dans une cocotte-minute, faites revenir les oignons émincés dans de l'huile d'olive puis ajoutez le riz et faites-le rissoler doucement jusqu'à ce qu'il soit translucide.

Versez le vin puis tout le bouillon et refermez la cocotte.

Portez à ébullition et laissez cuire 7 minutes à partir du sifflement.

Hors du feu, ajoutez le beurre puis les portions de fromage.

Salez si besoin et poivrez.

Mélangez bien et servez accompagné de jambon cru.

Le petit +

Ajoutez un peu de crème à la truffe !
La cuisson classique du risotto : faites revenir l'oignon émincé dans une poêle avec un peu d'huile. Lorsqu'il est doré, ajoutez le riz et faites-le rissoler pendant quelques secondes, jusqu'à ce qu'il devienne translucide. Versez le vin et attendez qu'il s'évapore. Ensuite, ajoutez progressivement le bouillon. Versez une louche, mélangez et attendez qu'il soit absorbé puis recommencez. Cela prend une petite vingtaine de minutes.

Dessert

4 yaourts

Dîner

Croustillant de courge butternut aux pignons

PRÉPARATION : 8 MINUTES • CUISSON : 40 MINUTES

* 1 kg de courge butternut (ou muscade, potiron, potimarron)
* 100 g de beurre à température ambiante
* 100 g de farine
* 150 g de noisettes entières
* 100 g de pignons

Préchauffez votre four à 180 °C.

Râpez la chair de la courge au robot.

Salez, poivrez puis versez au fond d'un plat à gratin et nappez d'un filet d'huile de noisette.

Mélangez du bout des doigts la farine, le beurre et une bonne pincée de sel.

Concassez les noisettes et les pignons au robot puis mélangez-les à la préparation.

Émiettez cette pâte à crumble au-dessus des courges.

Enfournez pour 40 minutes.

Le petit +

Ajoutez 50 g de fromage sec de brebis ou de chèvre dans la pâte à crumble.

Dessert

Banane au chocolat coulant

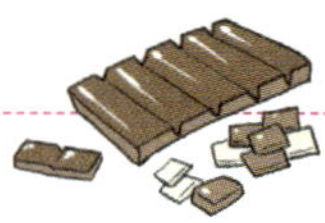

PRÉPARATION : 8 MINUTES • CUISSON : 40 MINUTES

* 4 bananes
* 200 g de chocolat à cuire
* 30 g de beurre
* Quelques amandes effilées

Épluchez les bananes, coupez-les en rondelles.

Faites fondre ensemble le chocolat et le beurre au micro-ondes, par tranches de 30 secondes, en mélangeant à chaque fois.

Nappez les bananes de chocolat coulant.

Parsemez d'amandes effilées et servez.

Le petit +

Pour les adeptes du chocolat au lait ajoutez 1 bonne cuillerée à soupe de crème épaisse au chocolat fondu.

Vendredi

Déjeuner

Brandade douce

PRÉPARATION : 5 MINUTES • CUISSON : 20 MINUTES

* 4 filets de merlu (faciles à trouver en surgelés)
* 800 g de pommes de terre
* 15 cl de lait
* 1 citron
* Chapelure
* Persil surgelé

Dans une grande casserole d'eau, portez à ébullition les pommes de terre épluchées et coupées en morceaux avec les filets de poisson et laissez frémir doucement 15 minutes.

Égouttez puis, dans un plat à gratin, écrasez à la fourchette.

Ajoutez le lait, 2 cuillerées à soupe d'huile d'olive, du sel, du poivre et du persil ciselé.

Mélangez puis aplanissez bien.

Saupoudrez de la chapelure puis versez un filet d'huile d'olive et de jus de citron.

Passez 5 minutes au grill.

Le petit +

Ajoutez une gousse d'ail écrasée pour relever le goût, mais attention cela ne plaît pas toujours aux enfants !

Dessert

4 kiwis

Dîner

Galettes de céréales

Préparation : 5 minutes • Cuisson : 6 minutes

* 200 g de petits flocons d'avoine (ou un mélange avoine, seigle, millet, maïs…)
* 15 g de beurre
* 15 g de Maïzena®
* 80 g de gruyère râpé
* Herbes de Provence
* 1 salade frisée

Mouillez légèrement les flocons dans un peu d'eau pour les faire gonfler.

Ajoutez le beurre fondu, la Maïzena® diluée dans quelques gouttes d'eau, le gruyère, les herbes, du sel et du poivre.

Mélangez bien puis formez à la main 4 galettes de 1 cm d'épaisseur. Si elles ne se tiennent pas bien, versez 4 tas dans la poêle et aplatissez-les.

Poêlez-les à feu vif avec un peu d'huile, 3 minutes de chaque côté.

Servez avec une salade frisée.

Dessert

4 yaourts

Samedi

Déjeuner

Entrée

Carottes râpées à l'orange

Préparation : 5 minutes

* 800 g de carottes bien fraîches
* 1 citron
* 2 oranges
* 1 gousse d'ail
* Persil

Râpez très finement les carottes.

Assaisonnez avec le jus du citron et des oranges, 2 cuillerées d'huile de colza ou de tournesol, l'ail pressé, le persil ciselé, du sel et du poivre.

Mélangez bien puis réservez au frais.

Plat

Gougère au jambon

PRÉPARATION : 8 MINUTES • CUISSON : 25 MINUTES

- 150 g de gruyère râpé
- 80 g de beurre
- 150 g de farine
- 4 œufs
- 150 g de dés de jambon
- Salade de mâche

Préchauffez votre four à 200 °C.

Portez à ébullition 25 cl d'eau avec le beurre en morceaux et 1 cuillerée à café de sel.

Hors du feu, ajoutez la farine d'un seul coup en mélangeant vivement jusqu'à ce que la pâte soit ferme et se détache des parois, puis faites chauffer pendant 1 minute en remuant. Laissez refroidir.

Ajoutez les œufs un à un puis le gruyère, le jambon et le poivre.

Faites 4 tas de pâte sur une plaque recouverte de papier sulfurisé.

Enfournez pour 25 minutes, sans ouvrir le four.

Servez aussitôt accompagné d'une salade de mâche assaisonnée à l'huile de noix.

Dessert

Faisselle au caramel et aux amandes

PRÉPARATION : 2 MINUTES

- 400 g de faisselle
- 10 cl de caramel liquide
- 40 g d'amandes effilées

Répartissez la faisselle dans 4 ramequins puis nappez de caramel liquide et parsemez d'amandes effilées.

Le petit +

Tentez un caramel liquide maison. Attention, ça brûle ! Dans une casserole à fond épais, faites caraméliser doucement, et surtout sans y toucher, 100 g de sucre, 1 cuillerée d'eau et quelques gouttes de vinaigre blanc. Lorsque le mélange est blond, versez doucement 3 cuillerées à soupe d'eau très chaude tout en mélangeant. Laissez refroidir.

Dîner

Gâteau de pommes de terre

PRÉPARATION : 5 MINUTES • CUISSON : 45 MINUTES

- 2 pâtes feuilletées
- 4 pommes de terre
- 10 cl de crème de soja pour la cuisine
- 1 salade (mesclun)
- Persil
- Ciboulette

Préchauffez votre four à 180 °C.

Étalez la pâte. Coupez les pommes de terre en fines rondelles (au robot par exemple) et assaisonnez avec du sel, du poivre et le persil ciselé puis versez sur la pâte.

Placez la seconde pâte par-dessus et faites un petit trou au centre.

Badigeonnez avec du lait.

Enfournez pour 45 minutes.

Avant de servir, versez un peu de crème liquide par le trou et servez aussitôt accompagné du reste de crème et d'une salade à la ciboulette.

Le petit +

Ajoutez quelques fines tranches de poitrine fumée dans le gâteau pendant la préparation.

Dessert

Soufflé glacé à l'orange

PRÉPARATION : 15 MINUTES • CUISSON : 10 MINUTES •
TEMPS DE RÉFRIGÉRATION : 45 MINUTES

- 2 œufs
- 80 g de sucre glace
- 2 oranges non traitées
- 15 cl de crème liquide entière bien froide (ou au moins avec 35 % de MG mais surtout pas allégée)

Placez un saladier (de préférence haut et en inox), les fouets et la crème fraîche au congélateur pendant 20 minutes (le secret d'une chantilly bien prise !).

Pendant ce temps, dans une casserole à fond épais, battez les jaunes d'œuf avec 60 g de sucre glace jusqu'à ce que le mélange blanchisse.

Ajoutez le Grand Marnier, le jus des oranges et un peu de zeste râpé et faites chauffer à feu vif cinq minutes en fouettant.

•••/•••

- 1 cuillerée à soupe de Grand Marnier

Laissez épaissir à feu doux en remuant pendant 5 minutes.

Retirez du feu et laissez refroidir.

Montez la chantilly dans le saladier froid avec un batteur électrique, en tournant bien pour incorporer de l'air dans la crème. Au bout d'une minute, ajoutez le sucre glace restant et continuez à fouetter environ 5 minutes (10 au fouet à la main) en augmentant la vitesse, jusqu'à obtenir une crème bien ferme (une pointe se forme dès que vous ressortez le fouet, elle devient mate et ne doit pas tomber si vous retournez le récipient).

Mélangez la crème chantilly avec les œufs à l'orange.

Versez dans 4 ramequins, râpez un peu de zeste dessus pour décorer et réservez au congélateur une petite demi-heure.

Dimanche

Déjeuner

Entrée

Coleslaw léger aux pommes

PRÉPARATION : 5 MINUTES

- 1/3 de céleri-rave
- 2 pommes
- 1 poignée de raisins secs
- 1 yaourt velouté

Faites tremper les raisins secs dans de l'eau tiède.

Râpez le céleri et les pommes et ajoutez les raisins secs.

Dans un bol, mélangez 1 cuillerée à soupe de vinaigre de cidre, 2 d'huile de noix, du sel, du poivre et le yaourt.

Versez sur la salade, mélangez bien et servez.

Le petit +

Ajoutez une poignée de cerneaux de noix.

Plat

Pot-au-feu traditionnel

PRÉPARATION : 8 MINUTES • CUISSON : 2 H 30

- 800 g de bœuf (paleron ou plat de côte)
- 4 carottes
- 4 navets
- 4 blancs de poireaux
- 1 oignon
- 1 branche de céleri
- 1 bouquet garni (laurier, thym, romarin)
- 3 clous de girofle
- Poivre en grains

Long à cuire mais rapide à préparer.

Placez la viande dans une grande cocotte en fonte avec le bouquet garni, le céleri, l'oignon avec les clous de girofle piqués dessus et le poivre.

Recouvrez d'eau puis faites chauffer à petits bouillons et à couvert. Écumez régulièrement au début.

Pendant ce temps, épluchez les légumes mais ne les coupez pas. Ficelez les blancs de poireaux ensemble.

Après 2 heures de cuisson, ajoutez les légumes. Laissez cuire encore 30 minutes.

Filtrez le bouillon et gardez-le pour l'incorporer à la soupe du soir ! Servez avec de la fleur de sel et de la moutarde.

Le petit +

Faites cuire la viande la veille. Le lendemain, vous la mettrez à réchauffer le temps de cuire les légumes.

Dessert

Fondant de marrons au chocolat

PRÉPARATION : 5 MINUTES • CUISSON : 5 MINUTES

- 250 g de crème de marron vanillée
- 50 g de chocolat à cuire
- 15 g de Maïzena®
- 2 œufs
- 50 g de beurre

Faites fondre en douceur le chocolat et le beurre.

Versez sur la crème de marron puis fouettez.

Incorporez la Maïzena® diluée dans une cuillerée d'eau et les œufs entiers battus.

Versez dans un moule beurré et fariné.

Enfournez au micro-ondes pour 5 minutes, puis servez froid.

Dîner

Velouté de carottes parfumé

PRÉPARATION : 5 MINUTES • CUISSON : 5 MINUTES

- 1 kg de carottes
- 80 cl de bouillon du pot-au-feu du déjeuner
- 1 yaourt brassé à la crème (Fjord®)
- Cumin ou curry
- 4 tranches de pain de campagne aux céréales
- 200 g de cantal (4 portions)

Coupez les carottes en morceaux.

Placez-les dans une casserole avec le bouillon, portez à ébullition puis laissez cuire doucement une vingtaine de minutes. Mixez puis ajoutez le yaourt.

Salez, poivrez et servez accompagné de croûtons de pain de campagne et de cantal.

Le petit +

Quelques feuilles de coriandre fraîche ciselée sur la soupe avant de servir.

Pour varier, vous pouvez remplacer le yaourt par de la crème de coco ou ajouter des lardons.

Pour faire des croûtons maison, frottez les tranches de pain avec une gousse d'ail puis coupez-les en dés et mélangez-les à un peu d'huile d'olive. Disposez les croûtons sur une plaque et enfournez à 180 °C pour 5 minutes.

Dessert

Litchis et roses des sables

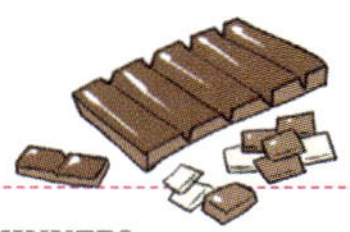

PRÉPARATION : 3 MINUTES • TEMPS DE RÉFRIGÉRATION : 30 MINUTES

- 200 g de chocolat au lait
- 120 g de corn flakes
- Une vingtaine de litchis (ou une dizaine de mangoustans)

Faites fondre le chocolat au bain-marie ou quelques secondes au micro-ondes.

Mélangez le chocolat fondu avec les céréales très délicatement pour ne pas les écraser.

Formez des petits tas sur une feuille de papier sulfurisé. Laissez refroidir puis placez au réfrigérateur une demi-heure pour les faire durcir.

Décollez les roses des sables délicatement et servez-les pour accompagner les litchis.

Votre liste de courses pour la Semaine 2 de l'hiver

Légumes

- 3 kg de carottes
- 4 navets
- 4 blancs de poireaux
- 2 bouquets de brocolis
- 3,5 kg de pommes de terre fermes
- 1 courge butternut
- 1/3 de céleri-rave (ou 1 petit)
- 1 branche de céleri
- 1 salade frisée
- 1 mâche
- 2 mescluns
- 6 oignons
- 1 gousse d'ail

Crémerie/Frais

- 235 g + 110 g de beurre
- 15 cl de lait
- 20 cl de mascarpone
- 15 cl de crème liquide entière
- 20 cl de crème épaisse
- 65 cl de crème de soja
- 400 g de faisselle
- 400 g de fromage blanc
- 12 yaourts
- 2 + 1 yaourts veloutés (fjords)
- 8 + 6 œufs
- 1 pâte brisée
- 2 pâtes feuilletées
- 230 g de gruyère râpé
- 200 g de cantal
- 300 g de tofu en bloc
- 3 fromages fondus à la crème
- 400 g de tagliatelles fraîches

Surgelé

- 200 g de purée de légumes nature
- 1 kg d'oignons émincés
- 80 g de persil ciselé
- 40 g de ciboulette ciselée
- 20 g d'aneth

Charcuterie

- 250 g d'allumettes de lardons fumés
- 4 tranches de jambon cru
- 150 g de dés de jambon blanc

En rose sont indiquées les quantités qui concernent les desserts.

Votre liste de courses pour la Semaine 2 de l'hiver

Fruits

- 2 + 5 pommes
- 4 poires
- 7 bananes
- 6 kiwis
- 2 + 2 oranges (non traitées)
- 3 + 2,5 citrons
- 2 clémentines
- 20 litchis (ou mangoustans)
- 100 g de pignons
- 150 g de noisettes entières
- 150 g d'amandes effilées
- 40 g de raisins secs

Épicerie

- 350 g de riz spécial risotto
- 4 boîtes de 120 g de sardines à l'huile
- 12 crackers salés
- ½ cube de bouillon
- 300 g de farine
- 15 g + 15 g de Maïzena®
- 300 g de chapelure
- 100 g + 120 g de corn flakes
- 300 g de flocons d'avoine
- 4 biscottes
- 2 sachets de sucre vanillé
- 20 g de sucre roux
- 110 g de sucre glace
- 400 g de chocolat à cuire
- 200 g de chocolat au lait (à cuire)
- 350 g de crème de marrons
- 4 tranches de pain de campagne
- 10 cl de caramel liquide
- 2 cl de grand marnier
- 15 cl de vin blanc sec

Poissonnerie

- 300 g de saumon fumé
- 4 filets de merlu

Boucherie

- 2 grandes escalopes de dinde
- 800 g de bœuf pour pot-au-feu

Et n'oubliez pas de compléter votre fonds de maison (voir page 13) si nécessaire…

UN MENU
pour recevoir en hiver

Entrée

Cocotte au foie gras

PRÉPARATION : 3 MINUTES • TEMPS DE RÉFRIGÉRATION : 30 MINUTES

* 4 mini-brioches de boulangerie
* 4 œufs (petits)
* 50 g de foie gras mi-cuit
* 10 cl de crème épaisse
* Mâche

Préchauffez le four à 180 °C.

Coupez la tête des brioches et retirez la mie au centre.

Cassez un œuf dans chaque brioche, salez, poivrez, versez un peu de crème puis déposez un morceau de foie gras.

Refermez la brioche avec son chapeau.

Enfournez dans le bas du four pour 15 minutes.

Servez chaud accompagné de quelques feuilles de mâches assaisonnées avec un filet d'huile de noisette.

Plat

Boudin blanc à la normande

PRÉPARATION : 10 MINUTES • CUISSON : 45 MINUTES

* 4 boudins blancs (truffés...)
* 3 pommes
* 800 g de pommes de terre fermes
* 70 g de beurre

Préchauffez votre four à 180 °C.

Épluchez les pommes de terre et coupez-les en 2. Cuisez-les dans une grande casserole d'eau bouillante pendant environ 15 minutes. Égouttez-les puis écrasez-les à la fourchette.

Incorporez la moitié du beurre, du sel et du poivre. Réservez.

Disposez les boudins dans un plat à gratin, piquez-les puis enfournez pour 20 minutes en les retournant à mi-cuisson et en terminant sur grill quelques minutes si vous les aimez bien grillés.

•••/•••

Pendant ce temps, épluchez et coupez les pommes en lamelles (8 quartiers). Faites-les dorer dans une poêle avec le reste du beurre à feu moyen pendant une dizaine de minutes. Vous pouvez, si vous préférez, placer les lamelles avec un peu de beurre sous les boudins, dans le plat à gratin.

Réchauffez l'écrasé de pommes de terre au micro-ondes si besoin et servez les boudins aux deux pommes immédiatement.

Dessert

Soufflé glacé à l'orange (voir page 190)

Table des recettes

Quelques recettes de base

Printemps

Entrées

Viandes

Poissons

Œufs

Légumes et féculents

Soupes

Desserts

Été

Entrées

Viandes

Poissons

Œufs

Légumes et féculents

Soupes

Desserts

Automne

Entrées

Viandes

Poissons

Œufs

Légumes et féculents

Soupes

Desserts

Hiver

Entrées

Viandes

Poissons

Œufs

Légumes et féculents

Soupes

Desserts

Bibliographie

Des livres de recettes à avoir dans sa cuisine...

Collectif, *Cuisine végétarienne*, Marabout Chef, 2010

Collectif, *Recettes au micro-ondes*, Marabout Chef, 2006

Collectif, *Tartes, feuilletés & Cie*, Larousse Pratique, 2010

Collectif, *100 recettes végétariennes*, Carrément cuisine, Hachette Cuisine, 2014

Mon cahier de cuisine, Prat, 2011

Julie Andrieu, *La cuisine de Julie*, Albin Michel, 1999

Caroline Bacon, *Cuisinez nature*, Rustica, 2010

Jenny Carenco, *Qu'est-ce qu'on mange maman ?*, Marabout, 2010

Olivier Chaput et Emmanuelle Tchoukriel, *C'est moi le cuisinier !*, Eyrolles, 2013

Frédérique Chartrand, *Je sais cuisiner les céréales*, Terre Vivante, 2012

Catherine Conan, *Le régime des 4 saisons*, City Édition, 2010

Laurence Dalon, *Cuisine zen pour maman pressée*, SAEP, 2012

Sophie Dudemaine, *Les cakes de Sophie*, Minerva, 2005

Carole Garnier, *Mes tartes et quiches magiques*, Leduc.s, 2010

Lavande et Nathalie Cahet, *Savez-vous planquer les choux*, Tana Éditions, 2009

Ségolène Lefèvre, *Le goût des légumes*, Féret, 2011

Pascale de Lomas et Isabelle Delaleu, *Petits plats maison pour jeunes enfants*, Leduc.s, 2010

Élodie Martins, *Mes pâtisseries enchantées*, Eyrolles, 2014

Pascale Polini, *Marché de saison*, Prat, 2010

Vanessa Romano, *Mes recettes bio de saison*, Ulmer, 2011

Patricia Romatet *et al.*, *Cuisinez le printemps*, J'ai lu, 2010

Laurence Salomon et Lylian Le Goff, *Ceci n'est pas... un régime*, Marabout, 2011

Anne-Cécile Sarfati, *À préparer en 15 minutes maxi*, Albin Michel, 2005

Cornelia Schinharl et Sebastian Dickhat, *Cuisine italienne entre copains*, Solar, 2002

Guilaine de Sèze et Christian de Rivière, *Ceci n'est pas une pomme*, Solar, 2012

Béatrice Vigot-Lagandré, *Les légumes oubliés de nos grand-mères*, Nouvel Angle, 2009

Ilan Waiche et Francesca Mantovani, *Recettes inavouables*, Hachette Pratique, 2006

Sitographie

Des sites et des blogs que je vous recommande...

altergusto.fr
audreycuisine.fr
bcommebon.canalblog.com
biogourmand.info
cakesinthecity.blogspot.com
chefnini.com
cleacuisine.fr
cuisine.notrefamille.com
culinoversions.wordpress.com
doriannn.blogspot.com
epicurien.be
elle.fr/Elle-a-Table
familyscook.canalblog.com
femininbio.com
framboises-et-bergamote.blogspot.com
lacuisinedannie.20minutes.fr
lacuisinedebernard.comtlamarmiteamalice.com
lesmillesetundelicedelexibule.blogspot.com
lapopottedemanue.com
liliskitchen.com
madeincooking.canalblog.com
marmiton.org
microcuisine.maison.com
mercotte.fr
noviceencuisine.over-blog.com
papillesetpupilles.fr
philomavie.blogspot.com
pourquoi-pas-isa.blogspot.com
scally.typepad.com
supertoinette.com
tentations-culinaires.over-blog.com
unevegetariennepresqueparfaite.com
1001recettes.blogspot.com

Dans la même collection

Dépôt légal : septembre 2015
Imprimé en Pologne chez Interak